ああ格差社会

格差は子ども社会において現れる！

Suguru Sato
佐藤 秀

まえがき

「格差社会」の定義として、「その家庭のディナーの一食分が、ある人の一ヵ月分の給与と同額」というものがある。

つまり、ある富裕層がいて、その家族が夜、外食したときに支払う総額が、別の人の給与の一ヵ月分に相当するということが起こり得るのが「格差社会」なのである。

都心に住む人なら分かると思うが、たとえば、オバマ大統領（当時）が行った寿司屋や、トランプ大統領（２０２０年現在）が行ったとされる鉄板焼きレストランなどに家族４人で出かけたとすれば、どうしても20万円前後になってしまい、それはほぼ、ホワイトカラーの新入社員の、給与一ヵ月分に相当する。

むろん、ブルーカラーの階級となれば、月給10万円前後という場合もあり、それは悠に超えている。

ちなみに、こんなに著名なレストランではなくても、日本食レストランにせよ、フレンチレストランにせよ、中華料理にせよ、東京で〝高級〟と言われるレストランに行けば、普通でも一人当たり4、5万円はするので、家族4人で行けば、どうしても「一人分の給与」ということになってしまう。
しかも、高価なワインなど注文すれば、それはもっと高額になる。

けれども、それらの料理を頼んだときに出てくる「一皿4000円」の料理や、ときには「一皿1万円」の料理で、他の人なら余裕で一人分の夕食が、しかも、それなりに贅沢な夕食が堪能できるだろうし、ときには「飲み放題」という特典までついてもお釣りが出るかもしれない。
もちろん、料理と供に注文する2~3万円のワインに相当する夕食を考えれば、それなりに豪華なものが味わえるだろう。

ここまで読んだ方のほとんどは、文章の端々に出てくる富裕層っぽい臭いにムカムカとしているはずである。

そう、富裕層でない人にしてみれば、こんなことを書こうと思っても書けないし、言おうと思ったって言えないのだ。

高級レストランに行こうと思っても、無理をすれば行けるかもしれないが、まずはそんな大金を払ってまで行く気にすらならない。

けれども、そんな「馬鹿らしい」ところに「得意客」として通う層が一定数存在することが、「格差社会」なのである。

社会的な批判を避けるために、本書ではペンネームで登場しているが、私は千葉県の田舎に生まれ、大学から東京に出てきて、ある資格を取り、一種のジャパニーズドリームを達成して、今は都心部（千代田区）に住んでいる。

無論、いきなり皇居近くの都心に住めたわけではない。成功の階段を駆け上っていく中で、練馬区や豊島区にも住んだ。

言いかえれば、田舎→都市部→都心というパターンの全てを経験し、それらを肌身に感じて一生を送ってきたわけである。むろん、極端に貧しいときもあり、お金がなくて、一日を千円で過ごさねばならなかったこともあった。

もちろん、今ではそんなことなどするわけもないが、お金がないときの屈辱と、当時の悔しい思い出は、今でも忘れることができない。

本書は、「お金持ちと貧乏」ということに焦点を当てているが、本書に書かれていることはすべて〝事実〟に基づいたものである。

ある一つの事象について、故郷の田舎の親類達と、かつて住んだ都市部の仲間達と、そして現在の家族やその友人達との会話に出たことをまとめたものである。

誇張された表現はあるものの、誇張された事実はなく、脚色もない。

いずれにしても、「格差社会」というものはどういうものなのか、そして一体それをどうとらえ、どう対処すればよいのか、ということを考える契機にしていただければと思う。

ところで、私達の子ども達は、千代田区の公立の小学校、中学校に通っていた。公立とはいっても、プールも温水プールだし、教室は床暖房、床冷房である。

もし私立の小中学校に通わせ、月に7〜8万円の学費を負担するくらいなら、それを住居費に充てて千代田区に住み、区内の公立学校に通わせたほうが、そんじょそこらの私立に通うよりも設備は良いし、友達だってハイソである。

だいたい千代田区というのは、「千代田区村」と言われているくらいに人口が少ない。確かに人口は〝村〟並みであり、2020年現在、区内全部で小学校は8つ、中学校は二つしかない。

小学校の卒業生だって、毎年、区内全体で400人程度なのである。

だが、**人口が少ない一方で税金を納める組織（企業等）が多く、個人の所得も高いので、一人あたりの納税額が極めて高額である。**

したがって、区の財政は極めて豊かであり、区役所には案内を担当するコンシェルジュまでいる。

こんなところに住む子ども達は、私立の中高一貫に進学するのが普通なので、公立の小学校の場合、6年生の3学期は受験勉強に精を出す子どもがほとんどであり、教室は閑散としている。

出席者よりも、むしろ、欠席者のほうが多いくらいだ。

それでは、公立の中学校に進んだ生徒が、中高一貫の私立に行けなかった落ちこぼればかりかというと、そうではなく、公立中学校の学力は、目黒区に次いで都内で2

位だったこともある。

現に、公立の中学校から有名私立や難関の都立、国立の高校に進学する率は非常に高い。

そうした中で、私の娘は都立の最難関高校を蹴って、国立の高校に進学した。誰もが羨む都立高校。歩けば数分で行くことができる。

しかし、娘は誰もが夢に見るような好環境を蹴って、電車で行かねばならないような高校を選んだ。

そんな娘は（ある意味では親の〝期待〟通りに）、そこで多くの経験を得ることになる。

高校に入学し、まず最初に娘が言ったのは、「ねーねー、パパ。今の高校には、飛行機に乗ったことがないって子がいるんだよ」ということだった。次には、「ディズニーランドに、お金がないから行けない」って言われたんだ。

一般の人には笑い話にしか聞こえないかもしれないが、本当の話である。

ただ、これを聞いた私は、まさに乾坤一擲《けんこんいってき》、都心の高校ではなく、この高校に行ってくれて本当に良かったと、心の底からそう思ったものだ（けれども同時に、〝親としての私達〟は、このような環境で子ども達を育ててしまったことについて、大いなる反省をすることになったのだ）。

もし娘が順当に都立高校に進学し、そこから大学を経て官僚や大学教授になったとしたら、きっと、一般世間を知らない〝お嬢様官僚〟や〝お姫様教授〟になってしまい、一般市民には到底理解しがたいような、まったく役に立たない政策や学説を打ち出す大人になっていたかもしれない。

私達は親として、そう危惧した。

ちなみに、一時期「下剋上受験」というものが流行ったが、**この本には、下剋上するためのポイントも、下剋上されないためのノウハウも詰まっている。**

しかしながら、実はそんなことはあまり問題ではなく、富裕層の子弟がそのまま良い教育を受け、良い高校や大学に入って、この国の将来を決めることになる。

それに対する危うさを、ちょっとしたコメディとアイロニーのスパイスをもって世に知らしめたかったというのが、本書を執筆した本音の一つである。

もう一つの「真の意図」は、後から別途に述べることとするが、まずは「都心の子」（小学生を想定）が、何の屈託もなく、自然に発する言葉や考えを楽しんでいただければと思う。

ああ格差社会　目次

第1章　生活

第2章

お金、金融、マネー

第3章

人、コミュニケーション

第4章

仕事

第5章 食

第1章

生活

01
WORK

時刻表

地方の子

時刻表を確認してから、駅に行く

都市部の子

とにかく駅に行ってから、時刻表を見る

都心の子

「時刻表って何⁉」。時刻表の存在を知らない地方では、電車というものは時刻表通りに来るのが常識である。けれども電車の本数は少なく、電車を一本逃すと、1時間くらい待たねばならないようなこともある。したがって、人々は時刻表を確認してから、電車に間に合うように駅に向かう。

ただ、通学電車や通勤電車となると、ほぼ毎日使うがゆえに、その時間帯の電車の時刻は覚えてしまっている。とはいえ、いずれにしても時刻表というのは、地方の人間にとっては「生活の一部」であり、なくてはならないものである。

これに対して、都市部というのは、時刻表をわざわざ確認しなくてもよい程度に電車が来る。よって、都市部の子というのは、まずは駅に行ってみて、時刻表を見て、最も早い電車や乗れそうな電車を確認してからそれに乗る。

けれども都心となると、とにかく駅に行けば必ず電車が来る。

そんなに待たなくても、少し待てば必ず電車が来る。そのため、時刻表は生活に必須のものではなく、都心に住んでいる子どもというのは、そもそも時刻表の存在すら知らない場合が多い。

もちろん、大人になって地方出身の人と交流すれば、その存在を知ることにはなる。けれども、地方出身者からすれば、生活に時刻表が存在しない人間に初めて出会ったときの衝撃は、かなり大きいものである。

これは、何も時刻表だけの話ではない。

都心は便利なものに囲まれているので、それをあたかも空気のように感じている都心の人達と地方出身者とでは、そもそも生活スタイルすら合わない。

友人や、ちょっとした恋人同士であるうちはまだ良いが、**より深い関係になったり、ましてや結婚となると、そのあたりの不一致が顕在化してしまい、うまくいかなくなることが多い。**

「都市部の子」はこれらの中間に位置し、都心のことも、地方のことも、それぞれの事情をよく理解しながら、上手く付き合うことができる。

価値観の違いは、生活環境と生活スタイルの相違から生まれる

家

地方の子

一戸建て

都市部の子

一戸建てかマンション。一戸建てに住めない人が、マンションに住む

都心の子

マンション以外に考えられない。タワマンで、入り口に受付があるのが、当たり前

最近では地方にもマンションが建つようになったが、「地方の子」の親の頭には、「団地」ないしは「集合住宅」のイメージが強力にこびりついており、マンションに対するイメージはマイナスである。なんとなく、アパート（すなわち、集合住宅の一種）の延長線上と考えている向きもある。

つまり、当然のことながら「建物」という括りの中では、一戸建てがトップにあり、「買えるなら戸建」というのがほぼ常識となっている。要は、今いるアパートを抜け出して、何とか戸建に住みたいというのが願望なわけである。

逆に言えば、都心のマンションが数億円などと聞くと、「たかが集合住宅にそんなバカ高いカネを……」と呆れてしまうのである。

これに対して都市部では、アパートの延長ではない高級マンションも見ることができるので、都市部に住む人達は、マンションというものが戸建以上の価値を持つ場合があることも知っている。

けれどもやはり、一戸建て信仰は強く、おそらく「同じ値段」であれば、ほぼ完全に、マンションよりも一戸建てのほうが選ばれることになる。実際、映画『天空の城ラピュタ』には、「人間は、地上を離れて生活することはできない」といったフレーズがあるが、都市部に住む人達は、これに大いに共感している。

しかし、都心となれば、価格が一億円以上のマンション（億ション）に住んでいるのが当たり前である。そしてまた、そういった億ションはほとんどがタワマン（タワー型マンション）である。

都心の住人が一戸建てではなく、あえてそうしたタワー型の億ションに住む理由は、**セキュリティがしっかりとしているうえに、プライバシーも守られているからである。**

実際、都心のタワマンには、それなりの社会的地位を有していたり、有名であったりという人が住んでいることが多い。そうした人が一戸建てに住んでいると、泥棒や強盗にあったりすることも多く、用心すればするほど、マンションが選択されることになる。

各階ごとのセキュリティや24時間ゴミ捨てなどの設備がきちんと備えられているのは超高級といわれるマンションか、妥協しても高級マンションということになり、そうしたマンションにはダブルオートロックはもちろんのこと、きちんとした受付もあって、しっかりと教育されたコンシェルジュが常駐している。

そこに住む子ども達は、出かけるときにはコンシェルジュに挨拶をして出かけ、帰って来たときにもコンシェルジュとひと言交わしてから帰宅する。

生まれてからずっとこれが習慣となり、この生活スタイルに慣れてしまっているため、当然のことだと思ってしまっている。

実際、うちの子ども達が普通のマンションに遊びに行き、入り口を素通りしてその人の部屋に行こうとしたときに、「パパ、勝手に入って大丈夫なの⁉　僕達、泥棒さんみたいだね……」と怯えたような顔で言ったことがある。

「都心の子」からすれば、マンションというものはオートロックを通った後に、ちゃんとした受付があって、そこの許可を得てから入るのが当たり前となっており、**マンションの入り口を無断で通ることには罪悪感すら覚えるのである。**

「地方の子」「都市部の子」の親は一戸建て信仰が強いが、「都心の子」の親はそれが全く無い

03
WORK

ディズニーランド

地方の子

一生の思い出になる夢の国

都市部の子

お祝いのときや、ちょっと贅沢したいときに行く場所

都心の子

無料で行ける便利で楽しいところ

子ども達の憧れといえば、ディズニーランド（登録商標）。親にせがんだところで、なかなか連れて行ってもらえないところだ。

14歳のスーパー中学生作家が書いた『さよなら、田中さん』（小学館）でも、なかなか行けない遠い場所として「ドリーミーランド」なるものが登場するが、それはどう考えてもディズニーランドのことである。

生活保護を受けるか、それと大して変わらない層の家庭では、まさに〝夢の国〟なのである。その理由は、入場券も、施設内で買うおみやげの金額や食事の金額も、決して安くはないからだ。そして、食べ物を持ち込むことが禁止されているため、安く済ませることができない。

ところで、ディズニーランドはデートスポットの定番でもある。

けれども、若い恋人達にとってもやはり、金銭的な側面から「遠い存在」となる。

だからこそ、そこに行けるとなれば、大抵の男女は喜ぶことになる。

現に、私の故郷である千葉県のとある地方都市で盆踊りが行われた際、景品の一位は「ディズニーランドのペアチケット」だった。

主催者も、「若者向け」にと考えたのであろう。そしてその想定は大当たりし、一位の景品が「ディズニーランドのペアチケット」であることが発表されると、会場は歓喜の渦に巻き込まれた。

その発表に歓喜する人々を見て、唯一、白けていたのが当家の子ども達である。当家の子ども達は「なんで、あんなところに行くのに、あんなに喜ぶんだろう!?」という顔をしていた。この子らにとってみれば、ディズニーランドというのは、**年間パスポートで自由に出入りできる「お馴染みの場所」でしかないのだ。**

次の週にディズニーランドに行くことを話していた義妹に対し、私の娘（当時、小学校の低学年）が「良いことを教えてあげる。ディズニーランドの端っこのほうに、カードを出すと写真を撮ってくれるところがあるの。そこで写真入りのカードをもらうと、ディズニーランドにタダで入れるんだよ。それがないと、いちいちお金を払わなきゃいけないんだ」と教えてあげて、義妹が苦笑していたのを思い出す。

これには続きがある。この一件も遠い記憶となってしまった後、高校生になった娘が、私の車の後部座席で中学時代の友達と話しているのを聞いたのだ。

娘曰く「私、ディズニーランドって、好きなときに、いつでもタダで行けるところだと思ってた！」

友人も「私も！」と話を継いだ。要するに、彼女達は年間パスポートをクレジットカードで支払って購入するので、窓口でのお金のやり取りを見たことがないのだ。

そして、入場の際には年間パスポートを見せるだけで、チケットを買うことがなかったので、ディズニーランドというところは、お金の支払いをすることなしに行けるところであると、そう思っていたのだ。

そして中学になったときに、私達親が、年間パスポートの料金が上がる話をしていたのを聞いて、「あっ、ディズニーランドは有料だったんだ」と初めて知ったのだそうだ。

子どもというものは、親の仕草を考える以上につぶさに見ているものなのである。

そして、その結果から自分なりに、大変に面白い解釈をするものなのである。

けれども、正直なところ、これを聞いたときに最初に思ったことが、「私達は、子どもの育て方を間違ったのではないか」ということである。


子ども達は親の行動を具に見ている。ただし、その解釈には驚くべき誤解もある

04
WORK

空き地

地方の子

空き地で遊ぶ

都市部の子

空き地があっても公園で遊ぶ

都心の子

〝空き地〟って、なに⁉

小学生の娘から「空き地って何?」という質問を受けたときには、一瞬、何を聞かれているのかまったくわからなかった。「空き地って、『ドラえもん』とかに出てくる空き地だよ」と変な答えをした。

それに対して娘は、「だから、その空き地って、どんなものなの?」「公園と、どう違うの?」と聞いてきた。

よく考えてみれば、**千代田区に「空き地」というものは、存在しない**。それはそうだろう。そんなものがあれば、とうの昔に誰かが有効活用している。

また、『ドラえもん』では、みんなが空き地で野球をしていたりする。けれども、千代田区の公園では、基本的に球技は禁止である。

だから子ども達にしてみれば、『ドラえもん』に出てくる空き地なるものは、「公園よりも自由度が高い場所だ」ということになる。

公園でできないようなことがすべてできるのだから、イメージとしてはワンダーランドである。親からしてみれば、よくそんな誤解ができるものだと感心すらするが、でも、「これが空き地だ」というものを具体的に見せられないので、説明のしようがない。

千代田区に限らず、港区や中央区といった都心部では、土地が空けばすぐに誰かが建物を建てるし、土地だけの場所（いわゆる「更地」）は、原則として立ち入り禁止の柵が設けられる。空き地とはそういったものではなく、勝手に子ども達が入って遊んだとしても誰からも文句を言われない土地など、どうやって説明したら良いのか。

そんなことを考えているうちに、神奈川県の川崎にある藤子不二雄ミュージアムに子ども達を連れていくことになった。そこの屋上には、のび太達が遊ぶ空地が再現されていて、ジャイアンがよく寝転がっていた土管も展示されていた。

それを見るなり、子ども達は「ひゃ〜、土管だぁ！」と歓声を上げて、土管に向かって走っていった。

「ねぇ、ねぇ、この上に乗ってもいい⁉」と興奮した顔で聞いてくる。もちろん乗っていいというと、苦労しながら登っている。

よくよく思い起こしてみれば、**私が幼少時代の頃は、日本は高度成長期であったので、土管などどこにでも転がっていた。**

しかし、上下水道がすべて完備してしまった今では、もう土管などどこにも見られない。

04

現実を正しく知らない子ども達に将来、現実の社会課題の解決は期待できない

「都心の子」にしてみれば、それはもう、想像の産物でしかないのだ。

でも、この子らが大人になったら、一体どうなるんだろう。この子らは、「空き地」だけでなく「空き家」すら想像できない。なぜなら、千代田区には空き家なんて存在せず、少しでも家が空こうものなら、たちまち誰かが有効に活用しようとする。

しかし日本全国で考えてみれば、現時点で、所有者がはっきりとしない空き家なるものは、総面積が九州よりも広いと言われている。

だが、この子らが官僚になったとしても、「空き地」すら、実感できないのである。これじゃあ、「空き家問題」なんかは、解決しない。僕はもう、そう確信している。

05
WORK

飛行機

地方の子

そもそも飛行機に乗ったことがない

都市部の子

「飛行機はいいけど、座席がきついよね」と、外国に行くのはいいが、飛行機が苦痛だと思っている

都心の子

どの航空会社のビジネスクラスが良いのか、評価しあっている

「まえがき」で書いたように、この本を書こうと思ったきっかけになったのが、国立の高校に進学した娘の、「そんな人が世の中に存在するんだ⁉」という数々の語録だった。

なかでも、「新しい世界を知った！」と言わんばかりに、「ねー、ねー、パパ。飛行機にまだ乗ったことがないって子がいるんだよぉ⁉」という娘の言葉は心に響いた。それを聞いた私は、「そうだよなぁ。この子らは、ほぼ国内旅行と同じような感覚で海外旅行に行っていたし、周りの人もそうだった。だから、そう思うのも無理はない……」と、半ば同情が含まれた不思議な感覚を持ったものだ。

そう、脳裏には**「金持ちの世界しか知らない、世間一般というものを知らない、かわいそうな子ども達」**というものが一瞬、浮かんだのである。そして同時に、「そんなふうに育ててしまったな……」というちょっとした後悔の念がよぎったのである。しかしながら、ちょっと考えてみると、これって変だよなあと少し思い直した。

ほぼ毎年、子どもながらにスターアライアンス（ANAやシンガポール航空、ルフトハンザ航空のグループが作っている航空会社のグループ）のプラチナクラスがもらえるくらい、海外へ行っている（ざっくり言うと、累計の航続距離が5万マイル程度。ちなみに5万マイルとは、東京~ワシントンを3往復ほどすると達成できる）この子達は、明らかに幸せだ。でも、どうしてそんなこの子らを「かわいそうだ」なんて思ってしまうんだろう？

なんだか、とてつもなく大きな矛盾の中にいるような感覚を持ちながら、そんなふうに思ったのである。

でもそれは、要は「マイノリティの側につかせてしまった」という思いと、「庶民の生活状況というものをしっかりと把握していないと、将来は大変な目に遭う」という感覚からくるものである。

特に後者の「庶民の生活状況というものをしっかりと把握していないと、将来は大変な目に遭う」という感覚は、「いつまでもこんな贅沢な暮らしなんか、できるものではない（いつまでも続くものではない）」という考えに裏付けられたものである。

しかし、果たして本当にそうだろうか。

今の時代、この贅沢な暮らしは間違いなく、ずっと続くのではないか。
さらに言えば、もっともっと続いて、より贅沢な暮らしができるようになるのではないか。
格差社会の「格差」が埋まらず、それどころかどんどん拡大していくだけだとすれば、この世はどうなってしまうんだろう。そう思ったことが、この本を書くきっかけになった。

現に、フランスのトマ・ピケティは、その著書『21世紀の資本』の中で、一般人の給与所得の増加率よりも、資本家が資産から得る運用収入の増加率のほうが高く、このままいけば、資本家と庶民の格差は広がるばかりであることを記している。つまり、上述したように、**「こんな贅沢な生活は、そういつまでも続かない」ということはなく、もっともっと続いて、さらには、より贅沢な暮らしができるようになるということになる。**格差社会は、拡大するばかりなのだ。

ひと昔前は、「こんな贅沢な生活は、そういつまでも続かない」というのは「成金の考え方」であり、お金持ちというのは、いつ庶民に戻ってしまうかと、ビクビクしながら過ごしていた。

しかしながら、現代のお金持ちは一時の金儲けブームに乗っていたわけではない。**お金の守り方や増やし方というものをしっかりと把握している〝筋金入りのお金持ち〟**なのである。


私が子どもだった頃は、誰もが「将来は飛行機にバンバン乗って、世界を渡り歩いてやるぞ」という夢を描くことができた。

「そもそも飛行機に乗ったことがない」という「地方の子」も、そういう夢を見ることができたのだ。現に、私自身もそうだった。


けれども、今はどうだろう。「飛行機はいいけれど、座席がきついよね……」と、外国に行くのはいいが、飛行機が苦痛だと思っているような「都市部の子」や、いつもビジネスクラスに乗って頻繁に海外旅行する「都心の子」が存在する一方で、その他大多数は、そもそも飛行機に乗れないようになってくる。

そして、小学校の時分で「そもそも飛行機に乗ったことがない」という「地方の子」

になってしまったとしたら、もはや一生、飛行機に乗ることがない。あったとしても、新婚旅行の一回だけ。そんな世の中になってしまうのであろう。

そうして、外国での経験も十分に積んで、十分な教育を受けた「都心の子」が、そのまま霞ヶ関の中央官庁の官僚になり、地方から出てきた外国経験まったくなしの官僚達を退けて、〝国際派〟となる。

そしてその国際派の彼らが、外国語をいち早く学習することの重要性を唱え、それが政策に取り入れられる。

けれども、**一生涯飛行機に乗らない人々が、そのように早期から外国語教育をみっちりと受けたところで、一体何の意味があるのだろうか。**しかも、そうした人々はこれからどんどん増えるのである。

「こんな贅沢な生活は、いつまでも続かない」は昔の話。これから格差はますます拡大する

06
WORK

生活保護

地方の子

教室に何人かいる貧乏な子ども

都市部の子

教室に何人かいるかわいそうな子ども

都心の子

そんな人がいること自体が、信じられない

２０１９（令和元）年10月に発表された厚生労働省の統計によると、生活保護を受けている世帯の約55％は高齢者世帯であり（その内訳は、単身者が約50％、二人以上の世帯が約５％である）、母子家庭が約５％、障害者世帯が約25％、その他の世帯が約15％ということである。

５％に相当するのは約８万世帯であるから、これから逆算すると、**約１６０万世帯が生活保護を受けていることになる。**

ちなみに、前年の国勢調査によると、日本の人口は1億２７１１万人で、一世帯の平均人数は２・３８人、そして世帯数は５３４０万３０００世帯となっている。ここで、約１６０万世帯が生活保護を受けていることになるということは、保護受給世帯数（被保護世帯数）は日本の総世帯数の約３％になるわけで、要は、１００世帯あれば約３世帯が生活保護を受けている計算になる。

しかしながら、その約半数は高齢者の単身世帯なので、障害者の単身世帯も考慮すると、子どもがいる生活保護家庭はその約１／３ということで、１００世帯のうちの約１世帯が生活保護を受けているということになる。

したがって、30人教室であれば、それが3クラスそろったぐらいのところで、ようやく一人、生活保護受給家庭が出るような計算になるが、地方に行くと、30人クラスの中には、大抵は一人か二人、生活保護受給家庭の子どもがいるものだ。

要は、全国の平均値よりも生活保護受給率が高いのである。実際、**都市部よりも、地方のほうが生活保護受給率は高いようである。**

ただ、生活保護受給家庭の子どもに対して、「地方の子」は「貧乏な子ども」、「税金で暮らしている子ども」とみなし、ときにはいじめたりするのである。

「都市部の子」にとっては、「かわいそうな子ども」という位置付けで、ときには同情したり、あるいは、ごくたまにであるが、何らかの支援を考えたりする。

地方には、同情したり、支援したりする余裕がないこともあるが、「貧乏」ということに対して、ことさらに嫌悪の感情を叩きつけるのは、なぜか田舎のほうが甚だしいようである。

これは実は、「いじめ」や「差別」についての〝最下層問題〟と言われることである。

つまり、男女差別をことさらに行うのは、男性の中でも下層に行くほど強くなる。

06

白人でも、有色人種差別を嫌うのは、白人社会の中でも最下層に属する白人であることが多い。

ところで、「都心の子」にしてみれば、生活保護受給家庭というのは、聞いたことはあるが、見たことがない存在である。自分が付き合っている人の誰を見ても、そんな状態の人はいない。クラスはもちろん、学年全体でも、ひいては学校全体でも、卒業生までも見ても、見当たらないのである。

少し以前に、「給食費が払えない子ども」のことが全国的に話題になったことがあるが、当家の子ども達に言わせれば、それがどんな状態であるのか、想像もつかないという。「親には扶養義務があるのだから、親は支払って当然だ」とも言った。**この点、都心というのは、教育その他の観点からすると、ほぼ完全なユートピアである。**

子ども社会でも、都心や都会より、田舎の方が「貧乏」に対する嫌悪感が強い

07
WORK

誕生日のプレゼント

地方の子

ゲームか玩具

都市部の子

普段は手にしない高価なもの

都心の子

何らかの意味で教育的に良いもの

誕生日のプレゼントとして与えられるものは、「地方の子」の場合には、まず大抵はゲームか玩具の類である。

これは、当の子ども達が欲しがるからというのもあるが、親のほうでも、プレゼントというのは、そういったご褒美的なものだと思っているからである。

また、親としては、そういったものを与えておけば、その後の育児の手間が軽減されるといった打算もある。

「都市部の子」が誕生日のプレゼントとして与えられるものは、普段は手にしない高価なものである。年に一度しかない誕生日なので、いつもは手にできないような高価なものをあげたいという親心がそうさせるのである。

しかしながら「都心の子」の親は、誕生日のプレゼントとして、**何らかの意味で教育的に良いものを与える。**

実は、高価なものや必要なものは、日常的にあげているので、誕生日だからといって特別に高価なものを与える必要などないからである。実際、誕生日にあげるものが、普段買ってあげているものよりも安いことはざらである。

さて、ここまで見て何か思うところはないだろうか。

そう、「地方の子」の親は、子どもが欲しがるものを与え、「都市部の子」の親は、高価なものを与える。

だが、「都心の子」の親は、子どもが欲しがるものも、高価なものも与えないのである。子どもが欲しいものや必要なものを、十分に考えた上で、教育的に必要なものを吟味して、プレゼントを選ぶのである。

ところで、自分にとっての「ご褒美」って何なのだろうかと、考えたことがあるだろうか。

たとえば典型的なダメ社員は、「今月はよく働いたから、そのご褒美に今日はサボろう」と考える。

あるいは、ダイエットに挑戦しながらいつも失敗ばかりしている人は、「ここ2～3日はよくダイエットしたから、そのご褒美に今日は甘いものを食べよう」と考える。

こういった〝ご褒美〟を考える人で成功する人はまずいない。

「地方の子」の親は、子どもが欲しいものをそのまま与えている。その子は、よく勉強した後のご褒美として、ゲームをする。こういった習慣を子どもにつけさせることが、本当にその子のためになるのだろうか？

また、「都市部の子」の親は、高価なものを子どもに与えることで、一体、子どもに何を期待するのだろうか。高価なものをもらった子どもは、それを一体どうするというのか。

たまにもらった高価なものは、意外と使い道がないのである。ただ、〝ご褒美〟という点では、ゲームや玩具のようにサボったり遊んだりするための道具よりも、はるかにましであろう。

けれども、「都心の子」の親は、自らのビジネスによって知っている。「マネジメントの基本」というのは、「取組の姿勢や努力する様子を褒めて、結果を評価する」というものであることを。

これは一般には逆に理解されていて、「取組の姿勢や努力する様子を評価して、結果を褒める」というパターンのマネジメントが一般的には行われ、大抵の場合、失敗

している。

たとえば、受験でも褒めるべきは挑戦する姿や、努力する姿勢であって、合格したという結果ではない。結果を褒めれば、それを最高位だと勘違いして、入学後は下降が始まってしまう。

また、**努力に対して努力賞を与えると、結果を出さなくても満足する子どもになってしまう。**

「都心の子」の親は、努力する意志や姿勢が大事であるということで、百科事典や電子辞書、筆記具など、努力に必要なツールを与えている。

こうした事象一つをとっても、格差というのは、そう簡単に埋まりそうもなく、ただ広がるばかりのように思える。

マネジメントの基本というのは、都心の子の親が実践しているように、「取り組みの姿勢や努力する様子を褒めて、結果を評価する」ものである

08
WORK

ホテル

地方の子

めったに行けない凄いところ

都市部の子

たまに行く贅沢な空間

都心の子

たまに気が向いたら、泊りに行くところ

私が「地方の子」だった頃は、ホテルというものは、めったに泊りに行くことができない高級な場所であった。

まず、自分の家が木造であるのに対し、ホテルは鉄筋コンクリートである。お風呂などの設備も西洋風で、近代的である。アメニティ類も高級品であり、記念に持って帰ることもあった。

食事もおいしいが、高い。ジュース一杯頼んでも1000円くらいするので、まず**親から言われるのは「飲み物を頼んではいけない」ということである。**

それは部屋に備え付けられている冷蔵庫に入っているジュース類に対しても同じであり、「高いので、絶対に飲んではいけない」と、たしなめられる。

とはいえ、「地方の子」にとってホテルというものは「めったに行けない凄いところ」であり、一種の憧れでもある。

「都市部の子」とってホテルというものは、「宿泊場所」というだけではない。

七五三などのときにはその行事のために行く場所であるし、誕生日などの祝いごとのときにも、レストランや宴会場の一部を使ったりする。

無論、旅行に行く際には宿泊場所として利用するので、ホテルの本来的な機能は理解している。

けれども既に述べたように、彼らにとってみれば、ホテルというものは、高級な宿泊施設と言うよりは、たまに行く贅沢な空間という位置付けである。

その意味では、「都市部の子」にとっても、「地方の子」と同じように、めったに行けない憧れの場所であることに変わりはない。

ところが、「都心の子」の場合には、「凄い！」とか「素晴らしい！」といった感覚はまったく持たない。

風呂の設備や備品とて、大抵は自宅にあるもののほうが高級品であったりするので、感慨は湧かない。

また、毎週末に出かける外食のサイクルの中には、大抵はホテルのレストランが入っているので、価格帯についても驚かない。こういったところのオレンジジュースというものは、通常、一杯で１０００円くらいだと思っている。

レストランの窓から見える素晴らしい夜景も、ホテルの部屋からの素晴らしい眺望も、タワーマンションの上層階に住んでいる彼らからすれば、もはや「当たり前」の

08

「都心の子」にとって高級ホテルは、自宅の延長である

ことであり、「自分の家（部屋）から比べて、どう」という具合に、比較の対象でしかない。

夏には、プールに遊びに行くために、ホテルを利用する。ホテルにあるほどのプールは、家にはないからである。つまりホテルという存在は、「都心の子」にとっては、たまに気が向いたら泊りに行くところであり、自分のマンションの部屋よりもグレードが落ちるが、プールもあるし、食事もできる楽しいところ、という感じである。

特に、「都心の子」の親は大抵、そうした高級ホテルの会員であるため、レイトチェックアウトやラウンジの利用など、さまざまな特典を受けられる。ホテルスタッフの愛想も良い。

少なくとも「都心の子」にとって、ホテルというのは、「都市部の子」や「地方の子」とは違う意味を持ち、決して憧れの場所などではなく、**ほぼ生活の一部となっていると言っても過言ではない。**

09
WORK

タクシー

地方の子

電話で呼べば来てくれるが、値段が高いし、まず利用しないもの

都市部の子

たまに利用する快適な乗り物

都心の子

常に街中を走っていて、手を挙げれば止まるもの。自転車並みに頻繁に使うもの

「地方の子」にとって、タクシーは駅前でよく見かけるものの、道路ではたまにしか見かけない乗り物である。

無論、テレビなどを通じて、「手を挙げれば止まってくれて、乗れるもの」だという知識はあるが、実際にそれをやったことはない。親からは「**あんな高いもの、利用するもんじゃない！**」と言われているので、利用することなどまず考えない。

「都市部の子」にとってタクシーというものは、たまに利用する快適な乗り物である。「高い」と親から言われていて、電車やバスのほうが割安であることの知識も有しているので、そう頻繁に利用することはない。

けれども、行きたいところに行ってくれる快適な乗り物である、程度には思っている。

一方、「都心の子」にとってタクシーというものは、常に街中を走っていて、手を挙げれば止まるものである。

「都心の子」にすれば、地下鉄やバスといった公共交通が充実している環境に住んでいて、タクシーはその中の選択肢の一つに過ぎない。

09

「都心の子」にとって、タクシーは日常的な交通インフラのひとつである

さらに、タクシーの高級版としてハイヤーというものがあることを知っている。また、そもそも親に運転手がついていることも多いので、タクシーというものは、公共交通の一種だと割り切っている。

千代田区では公共の自転車も充実しているので、なおさらそう思えるのだろう。また出かける先は都心であることが多く、それほど遠いものではないため、タクシーを利用したとしても、そう高くはない。

彼らにしてみれば、タクシーというのは、自転車並みに頻繁に使うものである。

10
WORK

デパート

地方の子

そもそも庶民が行くところではないと思っている

都市部の子

あまり頻繁に行く場所ではないが、行かないことはない。ただ、ちょっと窮屈な場所

都心の子

普通に買い物に行く場所。ラウンジは自由に使えるし、荷物は誰かが持ってくれる。とにかく快適な場所

デパートというものは、ある程度の規模の都市部にのみ存在し、**そもそも地方には存在しない。**

デパートは、要は「高級品販売所」ないしは「贅沢品販売所」であるので、高級品や贅沢品の需要がない場所では商売にならない。そのため、デパートの立地は、どうしても都市部ということになる。

これに関して言うと、高級品や贅沢品を買えるようなアッパー層の比率は、都心に近くなるほど増加する。けれども都心となると、今度は地価が高すぎるので、十分な広さの売り場が確保できない。なので、デパートというものは、一部の例外を除き、都心に存在することができず、どうしても都市部に存在することになる。

では、デパートは地方にも都心にも存在しないわけであるから、「地方の子」も、「都心の子」も、デパートに対する思いは同じものかというと、そうではなく、これまた相当に大きな開きがある。すなわち、「地方の子」にとってデパートというものは、庶民が行くようなところではない。つまり、そもそも自分達が行くようなところではないと、親からも教わっているし、自分でも完全にそう思い込んでいる。

これに対して「都心の子」は、用があれば行くけれど、そうそう行く用事がないから行かないと、そういうことである。そしてまた、行けば行ったで、楽しく、快適なところだと思っている。

それはそうだろう。「地方の子」や、たまに行く「都市部の子」とて、デパートの店員からは丁寧に接されるが、それはどこか、ひどく他人行儀で親しみがないことは、大人でなくても分かろうというものだ。つまり、通り一遍の接客がなされるだけで、真に歓迎されてはいないのだ。

そう、デパートの店員にとって、彼らは〝顧客〟とは思われていない。したがって、デパートの品を落とさない程度に、事務的に接客が行われる。そのことは、子どもでなくても感じる。

昔に放映されたアニメ『ペリーヌ物語』の中では、高級仕立て店に入った繊維工場の女工らが、そこの店主とおぼしき老婦人に「あら！　ここは、あなた達のような女工が来るようなお店ではないのよ」と言われて憤慨するシーンがある。

今の高級仕立て店はもちろんのこと、高級ブランド店でも、そんな接客はしないであろう。そんなことをしてしまったら、その店の評判が落ちてしまうからである。

けれどもそういったお店は、概して「入り難い」ものである。雰囲気というか、店員の態度というか、そういったものが何となく日常とかけ離れていて、堅苦しいのである。

そのうえ、何か買わないと帰してもらえないような感じに囚われると、もう入ることなどできない。

それらの品物は、自分には高過ぎて、買えと言われても困るからである。なので、もし間違えて入ったとしても、店員から声をかけられやしないかと、びくびくしながら見て回ることになるわけである。そしてそういった行動を、店員はすべて〝お見通し〟なのである。その行動は極めてわかりやすいものであるため、熟練の店員ではなくとも、素人が見たってわかるだろう。

ところが、**「都心の子」は、この点、物怖じなどしないし、オドオドなんかしていない。**

そもそも親の馴染みのお店であったり、あるいは、デパートであれば外商の紹介であったりするので、店員がものすごく親しく接してくる。決して他人行儀などではない。彼ら彼女らからすれば、この子とて、立派な〝顧客〟なのである。

ここで、デパートには〝外商〟という者がいることを知っているのは、地方でも、都市部でも、相当な資産家である。都心の住人は、そもそも皆が資産家なので、こちらからあえて言わなくても、デパート側から外商をつけることの提案がなされる。この〝外商〟というものがつくと、ほぼ自動的に、特別なクレジットカード（つまり、店内の誰が見ても、それと分かるカード）が発行される。そして**決済は、「御回し（おまわし）」という用語で呼ばれるものによってなされる。**

実際、ほとんどのデパートにおいては、「おまわし伝票」なるものが存在し、顧客が「では、〝おまわし〟でお願いします」と言うと、この「おまわし伝票」なるものが取り出され、そこに必要事項を記入すると、決済が終了する。（実は、「〝おまわし〟でお願いします」と言うことにより、店員の顔色や態度が急に変わったり、扱いが急に丁寧になったりする）

そして購入した品物は、その場で受け取ることもできるし、後で外商に家まで届けてもらうこともできる。

その他にも、デパート内にある上得意客用の別室（一般的には〝サロン〟と呼ばれている）に届けさせることもできる。つまり、上得意客というのは、「おまわし伝票」を切ってしまえさえすれば、あとはサロンでお茶を飲みながら、商品が包装されて運ばれてくるのを待っていれば良いのである。

ここまで言えば何となくイメージできるかもしれないが、要は「ツケで、モノが買える」ということなのである。そして、本書を読まれておられる教養の高い皆様であれば、「あっ！」と思われたに違いない。

そう。この決済方法は、越後屋を初めとする江戸時代の豪商達が実際に店頭で行っていた取引形態なのである。

いきなり品物を現金と交換してそのまま持って帰る今の形態ではなく、まずは注文に応じて品物が届けられ、支払いは後から行われていたわけである。

いわゆる「掛け売り」の形態である。この「掛け売り」の形態では、どこにどれだけの品物が届けられ、どのくらいのお金（売掛金）を回収しなければならないのかを、帳簿に記載していた。その帳簿の記載に基づいて、現金の回収が行われていたわけである。

大事なのは、今でもこうした名残があることであり、三越などでは、今でも「帳簿のお客様」という言い方をしている。つまり、この売り方は、現在に至るまで脈々と受け継がれていて、デパート側が〝顧客〟と言うのは、基本的には、今も昔も「帳簿のお客様」だけなのである。

ということは、デパートに来て、キャッシャーで普通に支払いをして商品を持ち帰る面々は、いったい何なのか。これは、正確に言うと、〝顧客〟ではなく、日銭商売を成り立たせてくれるお客様ということになる。

その一方で、「地方の子」も「都市部の子」も、こうした実情を知らずに生まれ、そして死んでいく。

ただ、子どもであればこそ、後にそれを知る立場になれるかどうかは、その子の今後の努力次第であると、そういうことになるのである。

現代でも、デパートにとっての「顧客」は「帳簿のお客様」のみである

第1章のまとめ

▼都心の生活は便利なもので溢れている。そうした環境での生活が、便利さを持たない子ども達との価値観の違いを作る。そしてその価値観の違いが、ますます社会の格差を拡大する

▼「こんな贅沢な生活は、いつまでも続かない」は既に過去の話である。現在の金持ちは、財産の増やし方や守り方を熟知しているので、格差社会は拡大することはあっても、縮小することはない

▼「地方の子」の親は、マネジメントの基本を知らず、子どもの取り組みの姿勢や努力する様子ではなく、結果を褒める。その結果、子どもは真の努力を学ばない

第2章

お金、金融、マネー

11
WORK

お金

地方の子

お金というものは、自分達には縁がないものと思っている

都市部の子

お金を稼ぐためには良い大学に行って大企業に勤めなければならないと考えている

都心の子

お金というものは、仕事に関係なく、勝手に増えるものだと思っている

「地方の子」の親の時間給や年収は押しなべて低く、貯金もままならない。しかし、収入は低くとも、地方というのは都市部に比べて物価も安いので、何とか生活していくことはできる。

けれども、全国で値段が均一なもの、たとえばマクドナルドなどは、相対的に高く感じられることになってしまう。したがって、「地方の子」にとってみれば、マクドナルドやコンビニは、高級品であるかのように映る。

この点は、マクドナルドなどは買おうと思えばいくらでも好きに買える「都市部の子」とは異なる。実際、「地方の子」は、「都市部の子」が気軽にマクドナルドに行く様子をテレビなどで見て、とても羨ましいと思ったりするものだ。

そうした「地方の子」にとって、自分達がマクドナルドへ気軽に行けないのは、「お金はなかなか稼げない」と思っているからだ。言い換えれば、自分達はお金や贅沢といったものとは縁がないと思っているのだ。

自分達の能力がないとなると惨めになるが、そうではなく、そもそも縁がないのだと思ってしまえば、比較的気分は楽になる。

これは、別の見方をすれば「向上心がない」ということになる。少なくとも、「努力さえすれば、収入を上げることができる」と思って猛勉強し、少しでもよい大学に行こうとしている「都市部の子」から見れば、そう見える。

「都市部の子」は、そうやって向上心のないままでいれば、いつまでも負け組から逃れられないのだと思って、必死になって努力する。

だから、そこでも格差が広がる。むろん、今の日本の教育は、この「都市部の子」のように勤勉な労働者となることを理想とし、そうなるように仕組まれている。

では、「都心の子」もその流れの延長にあって、「都市部の子」よりももっとハードに勉強して、彼らよりもずっと上のエリートコースを狙っているのかと思われるかもしれないが、そうではない。

無論、「都心の子」は、「都市部の子」に負けないくらいに猛勉強はするし、少なくとも彼らと同等かそれ以上の大学に行くことを目指す。しかしそれは、あくまで知識と学歴をつけるためのものであって、高い収入を得るためではない。

「都心の子」は、収入というものは学歴や勤務会社によってリニアに上がるものだけでないことをよく知っている。「仕事で稼ぐ」ことの限界も、その虚しさも知っている。また、親からはトマ・ピケティの『21世紀の資本』の話を聞いて、労働所得の伸びよりも資産運用所得の伸びのほうが高いことも知っている。つまり「都心の子」は、収入と労働というものを切り離して考えることを、親から伝授されているのである。

既に述べたように、「都市部の子」は「地方の子」を見て「向上心がない」と評価し、向上心の下で努力をするが、こういった姿を「都心の子」が見れば、「地方の子」も、「都市部の子」も、所詮は同じ次元にいる者同士であり、程度の差はあれど、ほとんど変わらないように見える。

「地方の子」と「都市部の子」の間の格差も、かなり大きいが、「都市部の子」と「都心の子」の間の格差は、それよりももっと大きいのだ。

現代の日本の教育は、「都市部の子」のように、勤勉な労働者になるよう仕組まれている

12
WORK

中古車

地方の子

いつかは新車に乗りたいねー。そうだねー

都市部の子

買うなら、やっぱり新車だね。中古車は、ちょっとね……

都心の子

〝中古車〟って、何⁉

子ども達、特にお金の心配のない家庭に育った子ども達は、お金に対するシビアさがなく、ある意味では純粋である。

だから、たとえば新車しか買わないような家庭に育った子どもは、中古車を購入することの意味がわからない。「新車のほうが良いのに、なぜ中古車なんか買うんだろう⁉」というように考えるのである。

そこには、「お金がないから、買いたくても買えない」ということを想像できない環境がある。親が、そういったところを見せたことがないのだから、当然である。

その一方で、家計簿が常に赤字で、それについていつも親が頭を抱えているような家庭では、お金がないときに親の機嫌が悪くなることも肌身でわかっているし、子どももお金にシビアに育つ。

そんな家庭の子どもなら、新車ではなく中古車が購入される理由が、即座にわかるのである。そういった家庭において中古車が納入されれば、「いつかはお金持ちになりたいねー」と同じような感覚で、「いつかは新車に乗りたいねー」という言葉が出る。

「都市部の子ども」は、世の中の景気が悪く、ボーナスがなかったり低かったりしたときには中古車を買うケースが出てくるため、「できれば景気が良いほうがいいよなぁー」ということと同じような意味で、「買うなら、やっぱり新車だね。中古車は、ちょっとね……」と言う。

そう、自分の家の家計が、世の中の景気に左右されること、ある意味では、景気に直撃されることを、肌身に感じてわかっているのである。

「都心の子」は、親がサラリーマンではなく、ビジネスオーナーであることのほうが多いので、新車が買えないような事態というのは即ち、そこに住んでいられない事態、つまり、もっと安い、どこかへ引っ越さねばならないということを意味する。反対に、そこに住んでいられるということは、新車（それも高級車）しか買わない、ということである。したがって、都心部ではまず、中古車を見る機会がない。

ちなみに、都心部の金持ちが高級車を買うのは、単に高級なものが好きだということもあるが、周りが皆、高級車なので、そう安いものは見栄えが悪いというのと、あとは、「高いほうが安全」という固定概念があるので、最もグレードが高いものを買いがちだという理由による。

ただ、こうした〝世間体〟や〝見栄〟のようなものが仇となって、**支出の多さに耐えられず、引っ越していく人も後を絶たない。**

そしてまた、そうした人が出たところで、都心の人間関係というのは極めてドライ(そもそも存在すら知らないことが多い)なので、「どこの誰がいつのまにかいなくなった」とかいうようなことは話題にすらのぼらない。

「都市部の子」は家計が世の中の景気に左右されることを知っている

13
WORK

映画『億男』についての感想

地方の子

そんな単位のお金って、あるのね（想像もつかない……）

都市部の子

いいなぁ。3億円あれば、何でも買えるし、いろいろなことができるよね……

都心の子

なんだ。3億円あったって、家が買えるだけじゃん私が小学生の頃に、「三億円事件」というものがあった。

これは、東芝の賞与を積んだ現金輸送車（当時は、給与や賞与は現金で支給されるのが普通だった）が、白バイ警官に扮した強盗に襲われ、強奪されたというものである。

この時に私は「3億円」という数字を初めて耳にしたが、どう頑張って想像しても、現実味がなかった。


ところで、映画『億男』の話は、宝くじで3億円が当選したことからストーリーが始まるが、**「地方の子」にとって、「3億円」というのは、どう考えたって現実味がないものである。**

これに対し、「都市部の子ども」にとって「3億円」はまったく現実味がないものではない。決して想像もつかないものではなく、いつかは手に入る可能性もあり、「あれば、良いなぁ……」というような感じになる。

ここまで言うと、もう言わなくてもおわかりいただけるだろうが、「都心の子」にしてみれば、既に自宅が3億円以上なので、「3億円」というのは、身の回りにある、ごく普通の金額である。

そしてまた、自分も将来は確実に手にすることができる資産であると、普通に思っている。

だから、「3億円で歓喜する人の気持ちがわからない」。そういうことである。

たとえば「2億5000万円の邸宅」（注：「ナッツリターン」で有名な大韓航空の会長の娘の邸宅の値段）と同様に、「3億円の現金」というのも、「地方の子」にとっては、想像を絶するお金である。

それは、ある意味では当たり前であり、今のこの時代で、サラリーマンの生涯賃金（一生で稼ぐお金の総額）は、平均で2億5000万円である。これは「平均値」なので、その平均値を下げている地方の町では、生涯賃金が2億円以下の者など、ざらにいる。

当然のことながら、そこから税金が引かれるので、手取りの総額は、それよりも極端に少ない。すなわち、**「3億円」は「どうやっても届かない金額」である。**

そしてまた、地方の子ども達も、そのことをよく知っている。お金の話をしようものなら、たちまち親に「子どものくせに、お金のことなど、口にするもんじゃありません！」と怒鳴られたりする。

このような感じであるので、「3億円」という現金に対して「地方の子」が「想像すらできない……」と思っていることについては、我々のように都心部ないしは都市部に住む人達は、「もっと根が深いもの」であることに留意する必要がある。

つまり「地方の子」の場合、その親達が〝真にその子のため〟を思って「3億円なんて、想像してはいけない」という躾をしてしまっており、その結果、「地方の子」にとっての「3億円」は、想像できないものという結果になってしまっているのである。

そう、「地方の子」の親達が、〝真にその子のため〟を思って、あえて夢を潰し、「二度と変な夢など見ないように」と、教育してしまっているのである。むろん、**想像できないものは現実になることはない。**

私も田舎の中学生の頃、ある日両親に「将来、医者になりたい」と言ったところ、激烈に「馬鹿なことを言うもんじゃない！」、と叱られた。「お前なんかになれるわけがない」、だから、「分不相応な夢なんか見るな！」と、こういうことである。

しかし、今、当時を振り返ってみても、あの頃の成績で「医者になれない」と断じる方がおかしい。もし私が「千代田区」や「港区」に生まれていたのであれば、「それは素晴らしい！　是非とも頑張ってくれ」と、強力に支援されたはずである。

ところが地方の人間は、「庶民が見るべき夢」というものを極めて狭く限定してしまっており、たとえば医者などというものは、「どこかのお大尽様がなるものであって、庶民がなるべきものではない」と思い込んでしまっている。だから、子どもが「医者になりたい」など口に出そうものなら、どんなことをしてでも止めさせる。

その理由は、「そんなことを口にしたら、世間様に笑われてしまう」という、そんなところである。**このように、地方は通常、子どもの夢を潰す「子どもの夢の破壊装置」みたいなところである。**

そこでは、夢を見ることなど許されない。ディズニーランドでは頻繁に「夢」という言葉が掲げられるが、「地方の子」にすれば、それは「単なる文字」でしかない。「夢」という文字の中に込められている「可能性」というものは、「都市部の子」と「都心の子」のものであり、「都市部の子」に比べて「都心の子」の方がずっと大きい。

こんなところに格差があるのは、この原稿を書いている私ですら、悲しくなってしまうが、「夢」ということに限って言えば、「都心の子」というのは、本当に幸せである。

現在、東京の官庁では、「地方創成」と言って地域振興が叫ばれているが、人間の向上心の土台となっている「夢」や「ロマン」といったものが、地域振興の担い手となるべき親達によって否定され、子ども達に「そんな夢なんて見るもんじゃない」と思い込ませている。そして、そうしたネガティブな概念のサイクルが回り続けて、「夢なんて見るものじゃない」という子ども達が量産されている現実を、一体、どう考えたらいいのだろうか。

仮に、地方の出身者が「夢」や「ロマン」をドライビングフォースにして中央官僚や政治家になったとしても、それはたまたま夢を潰す家庭ではなかったために、そうなれたにすぎない。**自分の子弟や周囲の人間にも、「夢」や「ロマン」を持ってそれを実現することの大切さを説いたとしても、一体、地方の人達にどれだけ想いが届くのか。**

この現実を中央官僚らが自覚しない限り、「地方創成」というのも、空振りに終わる可能性が高いだろう。

13

地方は、「子どもの夢」の破壊装置である

14
WORK

富裕層

地方の子

そんな人とは縁がないし、ごく一部の人間だと思っている。雲の上の存在

都市部の子

大人の何割かはそうだと思っている。見たり接したりすることも可能だと思っている

都心の子

自分の親は、富裕層の中でどのくらいの位置なのかが、気になる

「地方の子」にしてみれば、「富裕層って一体、何!?」という世界である。

そもそも、そんな人とは縁がないし、ごく一部の人間だと思っている。まさに「雲の上の存在」である。

むろん地方にも、ときどき、地方豪族のような大金持ちがいて、それは代々の大きな土建屋であったり、大地主であったり、ちょっとした大きなスーパーのオーナー社長であったり、はたまた代々続く県会議員のお家であったりするのだが、そういう家庭は周囲からも特別視されており、庶民がまともに付き合うところではないとされている。

けれども公共事業が減り、あるいは公共事業の支払いが見直されたりして、現在、地方で代々甘い汁を吸っていた人々は、どんどん没落する傾向にある。

土建屋などは、その典型である。土建屋は、全国一律の人件費が支払われていたのをいいことに、公共事業費として国あるいは地方自治体から全国一律の時給で人件費をもらう一方で、人夫に対しては、その地方では十分とされている時間給でしか支払いをせず、その差額を、ちゃっかりと着服していたのである。ときには、人足の数をごまかして、大目に申告している場合もあったようだ。

一口に「土建屋」とは言っても、土木と建築というのは仕事のスタイルが異なる。土木のほうは、素人集団が力仕事で賄えるのに対し、建築はプロの仕事である。

なので、土木に免許は要らないが、建築は建築士という免許が必要になる。仕事の成果を見ても、土木はごまかしやすいのに対し、建築はごまかしがききにくい。

しかしながら、そうした建設業であったとしても、地域の公共機関と癒着して、手抜き工事を見過ごしてもらい、巨額の利益を得ることもあった。そういうところが、ある意味では、地方の特色だったのである。

そしてこれらは、土木であろうと建築であろうと、一連の行政改革によって一斉に駆逐されることになり、うまい汁を吸えなくなった彼らは、ほぼ例外なく没落している。

また、地方の商店やスーパーも、よほどうまくやっているところは別として、地方の疲弊のあおりを受け、業績が低迷している。さらに言えば、まだ地方でもうまみがありそうなエリアは、すぐに大手スーパーが進出して、**地元に土着している勢力は、これに上手く対応することができず、倒産の憂き目にあっている。**

このような彼らは、既に「飛行機」のところで述べたように、要は「成り金」である。ほぼ必ず没落して、庶民の生活に戻る。「良い思いは、続かない」と、そういうことである。

なお、地方では相変わらず、一部の福祉事業は、甘い汁を吸い続けているようである。けれどもそれもいつ没落するか、やはりわからない。

では、「都市部の子」はどうかというと、実際に「富裕層」に属する人達に会うこともあるため、「地方の子」のように「見たことがない」ということはない。

そしてまた、「都市部の子」が会う「富裕層」は、先の「地方の土建屋」とか「地方のスーパーのオーナー」とかではない。何らかのビジネスオーナーか、都心部で働いて超高給を得ているビジネスマンである。

そして彼らは特別扱いをされることもなく、普通に歩いているために、普通に接することも可能である。普段から通い慣れた道で、それとは気付かずに偶然にすれ違うこともあるだろう。

だから、「都市部の子（ある意味では、都会の子）」は、「富裕層」と聞いたときに、ごく自然に、大人の何割かはそうだと思える。むろん、決して雲の上の存在というものではなく、見たり接したりすることも可能だと思っている。

けれども、この子らは決して、富裕層について「そんじょそこらにいる普通の存在」だとは思っていない。見たり接したりすることがあっても、やはり何かこう、特別感のようなものを感じている。

けれども、「都心の子」の場合には、自分の親も含め、周りのすべてが富裕層である。実際、別の項でも紹介するように、娘が通った千代田区の公立小学校の親の平均年収は8000万円だという。自分の周囲で、富裕層でない人を見つけることのほうが、むしろ難しいくらいだ。

もし気になることがあるとすれば、自分の親が富裕層の中にいることは当たり前としても、自分の親が果たして、富裕層の中でどのくらいの位置なのかが気になるとか、そんな程度である。

無論、そうした富裕層らが没落することはまず考えられないし、現実的にそうはならない。

実際、娘の通った千代田区の公立小学校や公立中学校でも、親と一緒に夜逃げしたとか、家が倒産したので引っ越したとかいう話は、まず聞かなかった。これについては、私が地方に住んでいた時に起こった件数のほうがはるかに多い気がする。

そう、学校に行ってみたら、いきなり転校してしまっていたとか、はたまた逆に、いきなり転校してきて、いつのまにかクラスメートになっていたとか、そういう話は、少なからずあった。

けれども、娘の通った千代田区の公立小学校や公立中学校では、トータル9年間でそういった悲劇的な話を聞いたことがなかった。

やはり、金持ちスキルを身に付けた筋金入りのお金持ちは、ずっとお金持ちのまま、没落することがないのだ。


「都心の子」にとって、周りの大人はすべて富裕層である。彼らは金持ちスキルを身につけているため、まず没落することがない

15
WORK

年金

地方の子

親は、何とかしてもらいたいと思っている

都市部の子

親は国を信頼して、当然にもらえると思っている

都心の子

そんなものが存在することを知らないか、知っていたとしても、親がまったく当てにしていないことをよく知っている

「地方の子」の親は、年金が十分にもらえるような仕事をしていなかったり、年金がもらえるような職業に就いていなかったりするが、親が何かと「年金が欲しい」と口にするので、親が「もらいたいと切望している」ことをよく知っている。

これらの親は、年金を支払っていない期間もあるので、受け取れる年金が少ない。

「都市部の子」の親は、ほとんどが高給サラリーマンであり、多額の年金を支払っている。そしてまた、空白期間もなく、しっかりと納めている。だから、「こうしてきちんと支払っている以上、もらって当然」と思っている。

けれども「都心の子」の親のほとんどは、ビジネスオーナーか事業主なので、そもそも定年がない。

年金をもらって生活することなど、ほとんど考えていないし、考えていたとしても、事業からお金をもらいながら、年金ももらえることを考えている。

ビジネスオーナーや事業主は、「人を使う側」の人間である。使う側の人間は、年金は「使われる側の人間」を上手く〝飼育〟するための道具であることを知っている。

したがって、そのようなものに振り回されないように、自分を戒めているというわけである。むしろ、自ら年金のような仕組みを作って、「使われる側の人間」を支配しようと考えている。

また、先に述べたように、ビジネスオーナーや事業主は、不動産で資産運用をしているなど、年金に頼って生きる必要がない。というよりはむしろ、年金などに頼って生きなくてもいいように、現役のうちから準備をしているのだ。


これに関して言うと、よくサラリーマン部長が若いホステスに「君らも、いつまでも若いわけじゃないんだから、ずっとこんなことをしていてはだめだよ」と、したり顔で説教したりしているが、こういう人に限って、定年退職の時期が迫ってくると、途端にあたふたしたりする。そして、ビジネスオーナーや事業主のような面々から「あれっ⁉ 定年って、昨日、急に決まったんだっけ⁉」というような嫌味を言われる。

つまり、自分達も要は「使われる側の人間」であり、「使う側の人間」から上手く使われてしまっているだけだという自覚がないのである。

また、特に売れっ子のホステスは、サラリーマン部長よりも稼いでいることが多いので、そこには「こいつ、何の取り柄もないくせに、ただ若くてきれいだからというだけで、おいしい思いをしていやがって」というような半ば妬み的なところもある。

けれども、ビジネスオーナーや事業主のような面々は、たとえ売れっ子ホステスに対してであろうと、そのような妬みの感情を持つようなことはない。

ところで、「子どもの目」とは意外に的確なもので、親が奴隷根性の持ち主かどうかがすぐに分かる。

「地方の子」の親、「都市部の子」の親、「都心の子」の親の中で、奴隷根性を持っていないのは、「都心の子」の親だけである。**「人に使われる側の人間」の「奴隷根性」は、その子に受け継がれてしまう。それも、ときには濃縮された形で伝えられてしまう。**

けれども、「人を使う側の人間」は、人や国家に頼らず、独立独歩で生きていく術を、自分の生き様をもって子に伝える。そしてそれは、たとえば「年金」といったものに頼るかどうかに、顕著に表れる。やはり、格差社会というものは、代を重ねれば重ねるほどに広がるばかりで、埋められようがない。

「人を使う側の人間」にとって、年金とは、「使われる側の人間」をうまく〝飼育〟するための道具である

16
WORK

クレジットカード

地方の子

持っていない人もいるが、持っている人は、赤や青、緑といったいろいろな色のカードを持っている。

都市部の子

親がゴールドカードばかり持っている

都心の子

黒か灰色のものしか見たことがない

「地方の子」の親は、**そもそもクレジットカードを持っていないことも多い。**持っていたとしても、銀行の窓口で勧められたものや、提携店で勧められたものなので、銀行や提携店のマーク等が入った、何かとカラフルなものが多い。

使用限度額も、20万円や30万円程度のもので、学生が持っているようなものとそう変わらない。

「都市部の子」の親も、銀行や提携店から勧められたカラフルなカードを持っているが、大口取引者用のゴールドカードやプラチナカードも持っている。

これらの使用限度額は500万円以上など、結構高額に設定されているし、保険が自動的についていたりと、何かと特典も多い。

「都市部の子」は、運動会やオリンピックで「金賞」や「銀賞」を知っているために、金や銀（本当はプラチナだが、子どもにはそう見える）のカードが多く入っている親の財布を見て、「ああ、うちはお金持ちなんだな」と思う。

ところが、「都心の子」の親は、ほとんどゴールドカードを持っていない。持っているのは、普通のカードかブラックカードのいずれかである。

都心の金持ちは、ゴールドカードやプラチナカードの費用対効果がイマイチであると思っている。ゴールドカードやプラチナカードを持つくらいなら、普通の一般カードの使用限度額を上げてもらった方がいいと考えたりしている。

ブラックカードと言えば、代表的なのはアメリカンエキスプレス（アメックス）のセンチュリオンカードであるが、その年会費は、2020年時点において「36万円＋消費税」という高額なものである。

けれども、海外旅行の際には、空港までのハイヤーの送迎が無料で提供される。プラチナカードには、たとえば「4往復まで」といった制限があるが、センチュリオンカード（ブラックカード）の場合には無制限である。

また、特定の空港に行けば、現地にアメックスのスタッフが待っていてくれ、空港内をVIPルートを経由して素早くハイヤーまで案内してくれる。こうしたサービスを考えれば、「36万円＋消費税」という年会費はすぐにペイする。

むろん、カード会社のほうでは、その部分では赤字ということになるが、実際は彼らの使用金額によって十分にペイする。それくらいに、ブラックカードの所持者は、クレジットカードの使用頻度と使用金額が多い。

また、黒いカード（ときにはチタン製であるが）を出した途端、店員の態度が変わることも多い。本当にステータスを感じられるのも、このカードである。

ちなみに、「アメックスのブラックカードには、使用限度額がない」「アメックスのブラックカードならば、戦車でも買える」という都市伝説があるが、それは嘘である。アメリカンエキスプレスのセンチュリオンカードには、れっきとした使用限度額が設定されている。したがって、これを使って高額のものを購入するためには、事前に入金をしておく必要がある。もちろん、事前の入金無しに戦車など買えるはずもない。

また、ブラックカードは自分から申請してもらえるものではなく、カード会社のほうからのインビテーションがあって、初めて手にすることができる。

そして、そのインビテーションが来るための条件は、秘密とされている。つまり、たくさん使えば自然とブラックカードに昇格するのかというと、そうでもないのである。

これがダイナースのプレミアムカードとの大きな違いであるが、そのインビテーションが来るための条件の一つとして、しかもかなり大きな判断要素として、「住所」というものがあるのではないかと私は思っている。

おそらく、千代田区や港区に住んでいるほうが、ブラックカードのインビテーションが来やすいのではないだろうか。もしそうだとすれば、カード会社は「年収は、住む場所によって決まる」と考えているのではないかと考えられる。

いずれにしても、「都心の子」の親のブラックカード所持率は高い。そしてまた、白金に住んでいるお金持ちのことをシロガネーゼ、豊洲に住むお金持ちのことをトヨネーゼと呼ぶらしいが、シロガネーゼとトヨネーゼの違いは、シロガネーゼのほうはブラックカードが主流で、しかも資産が結構あるのに対し、トヨネーゼのほうはプラチナカードが主流で、貯金を初めとする〝資産〟というものをあまり持っていない、ということである。

要は、白金は都心、豊洲は都市部ということであるが、資産の有無が住む場所にも表れ、カードの色にも影響するというのは、興味深い現象である。

ブラックカードのインビテーションが来るかどうかは、その人の住所が大きく影響している。年収は、住む場所によって決まるのだ

17
WORK

親の年収

地方の子

よく知らないけど、そんなに多くない

都市部の子

だいたい、1千万円前後……。普通よりも多いかな……

都心の子

1億円はあると思う

「地方の子」は、親の年収にあまり関心がない。

鬼ごっこや缶蹴りなど、「地方の子」の遊びには、まずお金がかからない。このように、子どもであるうちは、お金がなくても済むことが多く、お金についてあまり関心を持たなくとも済む。

もっとも、給食費が払えなかったり、生活保護を受けていたりと、お金に困っている家の子どもは、お金に関心がある。けれども、関心を持ったところで親の年収が増えるわけでもなく、生活が楽になるわけでもない。

そうこうしているうちに、お金について関心を持たなくなるのである。

「都市部の子」は、「地方の子」よりも、お金に対する関心が強い。「貨幣経済が地方よりも顕著だから」というのも一つの要因だが、何かにつけて、「お金の差」というか、裕福な程度の差を見せつけられることが多いので、少しばかり関心が高くなるのである。

ただ、関心の高さは、金額というよりも、むしろ、相対的な位置についてのものである。つまり、うちが裕福な方かどうかということである。むろん、彼らは日本の平均よりも勝っていると考えている。

しかし、裕福な家庭のなかで、自分達はどのくらいの位置であるかが、大変に気になるのだ。

ところで、**千代田区にある公立の小学校や中学校、たとえば千代田区立麹町中学校などは、親の平均年収が８０００万円であると言われている。**

国会議員の年収と、それに次ぐ事務次官の年収が約２０００万円と言われているから、実にその４倍以上である。

今更ここで言うまでもなく、事務次官というのは、国家公務員の最高位の地位であるわけだが、彼らの給料は、この公立中学校の親の平均年収の１／４でしかないのである。

結局、国家公務員の最高位にまで上り詰めたとしても、霞が関と同じ千代田区内には住めないし、住んだとしても下のほうで甘んじるしかないのだ。

17

「都心の子」の親は子どもに対し、お金をいかにして下僕にするかを教える

「都心の子」は、彼らにとってはお金が十分にあるのが普通だが、その一方で、お金がないと困ることもよく知っている。

親が実際、目の前で100万円以上のものを買ったり、1億円を超えるマンションを買ったりするところを見ているので、彼らにとって、お金はかなり身近なものである。

実際、「お金は汚いものである」という教え方は、「地方の子」の親や「都市部の子」の親に限ってのことであり、「都心の子」の親は、そういった教え方はしない。むしろ、お金をどのように下僕にするかを教えるのである。

ある意味、お金に関する関心の高さが、このような格差を生んでいると考えても差し支えないだろう。

18
WORK

ブランド品

地方の子

実物をほとんど見たことがない

都市部の子

とても高価なものであることを知っている。母親が持っているが、怖くて触れない

都心の子

お父さんが気まぐれで買ってくれる日用品に近いもの。両親とも、たくさん持っている

娘が高校の修学旅行に行く際に、行き先がタイだというので、以前に行ったときに残っていたタイバーツを渡した。娘としてはタイへ行くことも、タイバーツを見ることも初めてだったので、なにやら珍しげにお札を見つめていた。

そして、ふと思い出したように、「そういえば、高価なものは持ってこないようにと、学校から言われた」と言い出した。「じゃあ、お財布なんかも、適当にそこらのものを持って行けば、いいじゃん」と私が答えると、娘は「でも、パパ。私、パパからもらったエルメスの財布しか持っていないんだけど……」と答えた。

よく考えてみれば、娘が好きなピンクの財布が出るたびに買い与えていたので、大小合わせて、もう5つくらいの財布を与えている。

そしてそれはすべて、同じブランドである。娘が言うには、娘がやおら財布を出して支払いをしようとしたときに、周囲の人が驚くことがあるという。しかし、**小学生の頃からエルメスのお財布しか持っていない**娘からすれば、皆が驚く理由がイマイチわからなかったらしい。

もちろん、高校生となった今では、それが高価なものであることの認識は持っている。

18

けれども、彼女にとって、それは日常的に使うモノなのである。そして、これが都心の子の一つの典型でもあるのだ。

これに対して、「都市部の子」は、ブランド品は本来、子どもが持つものではない、高価なものだという認識がある。だから、ブランド品に対して畏怖し、ときには触ることすらビクビクする。

けれども、「地方の子」となると、そもそもそんなものなど見たことがない場合が多い。一般生活では使わないし、周囲に所持している者すらおらず、目にすることもまずないからである。

「都心の子」にとって、ブランド品は日常的に使うモノであり、それがブランド品であることを知らないことすらある

19
WORK

ボーナス

地方の子

もらえるのは、ありがたい。とてつもなく嬉しいもの

都市部の子

家が明るくなる。定期的に来る幸せ

都心の子

ボーナスって、何⁉

「地方の子」の家庭では、ボーナスがもらえるとは限らない。

少なくとも、パートに出ている母親は、ボーナスをもらえることはない。また父親も、非正規の職員であれば、ボーナスはもらえない。

だから「地方の子」の家庭において、ボーナスがきちんともらえるというのは、とても誇らしく、ありがたいことなのだ。

「都市部の子」の家庭では、ボーナスがもらえるのが当たり前である。父親も母親も、大抵は正規雇用の正社員であるのが普通だからである。

そしてまた、「都市部の子」の家庭では、ボーナスは既に年間の行事に組み込まれている。海外旅行に行くのも、ボーナスがあることを当てにして計画される。

このように、「都市部の子」の家庭では、ボーナスとは必須の臨時収入であり、これがあるからこそ家が明るくなる。まさに、「定期的に訪れる幸せ」という感じである。

しかしながら、「都心の子」にとっては、ボーナスはまったく実感のないものである。

「都心の子」の父親は、大抵は社長であったり、役員であったりするので、ボーナスがもらえることはまずない。

19

「都心の子」は親がボーナスをもらって喜んでいる姿を見たことがない

これに関して言えば、役員賞与は会社の経費で落ちないので、支給をしない会社が多いのである。なので、「都心の子」にしてみれば、親がボーナスをもらって喜んでいるという姿を、まず見たことがない。

もし千代田区に住めない個人事業のレベルの経営者がいれば、ボーナスの時期が来るたびに、頭を痛めることであろう。そう、それは彼らが「ボーナスを支払う側」だからである。

千代田区に住むような人の会社であれば、既にきちんと毎月ボーナス引き当て分として計上されているので、そのルーティンに従って処理すればいいというだけであり、それは単に通常の仕事の一つに過ぎない。

海外旅行もボーナスを当てにして計画するようなことはせず、そこに行くくらいの資産や現金は優に所有しているので、ボーナスのありがたみも理解できない。「都心の子」が「ボーナスって、何⁉」と思うことには何の不思議もない。

20
WORK

お父さんがよく買うもの

地方の子

タバコか、お酒かな

都市部の子

本とか、趣味のものとか

都心の子

都心のマンション

「地方の子」の親が買っているものは、**ほとんどの場合、タバコやお酒の類であり、それらは即ち「中毒品」である。**

中毒品といえば、実は、スマホだって、その類のものだろう。そうやって考えると、人間に中毒を引き起こすようなもの（＝中毒品）に支払う金額が、家計の支出に占める割合（以下、「毒され係数」）は、エンゲル係数と同様、地方の家庭ほど、それも貧しくなるほど、高くなるのではないかと思う（エンゲル係数とは支出に占める食費の割合のことであり、貧しい家庭ほど、これが高くなる）。

感覚でしかないが、「お酒をまったく飲まない」という人も、都心に行けば行くほど、多くなるような気がする。

更に言えば、未成年の喫煙率や飲酒率は、これまた地方に行けば行くほど、多くなるような気がするのだ。

タバコは体に悪いということがわかっているので、さすがに大人が子どもに勧めることはないが、地方では、大人が面白がって子どもにお酒を飲ませることがある。

特に、お祭りなどの開放的なときに、それはよく行われる。けれども、都心に来れば、たとえふざけていたとしても、そういったことはほとんどなされない。

子どもは、大人のことを、意外によく見ているものだ。

生活費をつぎ込むことによって、必要な教育費などが欠乏し、子どもに十分な教育を与えることができない。ときには借金を背負っていることもあり、そうなると、まともな生活など送れない。

たとえば、ローンを組んで車を買う。これも立派な借金である。

また、ちょっとした買い物を、クレジットカードのリボ払いで済ませる。これも立派な借金である。けれども、これは「都市部の子」の親によく見られることである。

そこで買われたものが、ちょっと高価なスマホであったり、車であったりしたならば、それはスマホないしは車という中毒品を、借金で買ったことと同じだ。そして、その支払いによって教育費が削られ、さらに借金まで背負えば、まともな生活など送れないことになる。

ここで考えねばならない問題というのは、**中毒患者の多くは、「自分が中毒患者であるとはまったく思っていない」ということである。**つまり、自覚がまったくないのが、中毒患者の問題点である。

そしてまた、中毒になりやすい人は、何に対しても中毒になりやすい。特に、地方の生活から脱け出したいのに逃れられない人というのは、何らかの中毒にかかってい て、それにお金がかかってしまっているため、脱け出すための資金がたまらない（いわゆる「金縛り」にあってしまっている）ケースが圧倒的に多いのである。


ところで、都市部に住んでいる人が購入する「本」や「趣味のもの」というものも、実は「中毒品」であることに変わりはない。

確かにお酒やタバコよりはましであるが、その本質に変わりはない。

ここで、誤解されては困るので、少し説明しておくと、その「本質」とは、「お金の使い方が間違っている」ということである。

既に述べたように、「人間というのは、ブレーキとアクセルが逆についている」と言った長者番付の常連がいる。つまり、「人間というものは、命にかかわるもの（たとえば、医療費）をケチりたがるくせして、命にはまったく関係のない高価なバッグを買ったりする」ということだ。

本来なら、何よりも大事な命というものが最優先されるべきであるのに、そうはならないのである。そのため、「人間というのは、ブレーキとアクセルが逆についている」ということになる。

人間というものは、命に別状のない趣味のほうを優先する性分なのだ。

一体、そのためのお金は、どこから出るのか。それは、労働して得た対価から支出されるのである。

労働は、決して楽なものではないので、「そこから得た貴重なお金だから無駄遣いをしてはいけない」と思う一方で、「好きなことをするために働いているんだから、それに使って何が悪い」「むしろ、好きなものも買えないんだったら、大変な思いをして労働をする意味がない」とばかりに、最後は「俺が稼いだカネなんだから、俺が自由に使って何が悪い！」という論理になる。

そしてこれは、**出すべき子どもの教育費を出さずに、自分の中毒品を買ってしまう「地方の子」の親と、そう大きな差はない。**

このように、「地方の子」の親も、「都市部の子」の親も、買うものの性向に違いはあれど、こと「お金に対する考え方」や「お金の使い方」という点に関しては、そう大差はないのである。

けれども、「都心の子の親」は、これとは一線を画している。

なぜ「都心の子」の親は、子どもがそれとわかるまで、頻繁に都心のマンションを買うのだろうか。

それは、そのマンションを持っている間に家賃収入を得るためである。

ある程度の家賃収入が得られたら、そのマンションは売却してしまう。このとき、都心のマンションの多くは、よほどのことがない限り価値が下がらないので、購入時と同じ値段で売却できる。

そうなると、その間に得られた家賃は、丸儲けである（より正確には、不動産売買手数料、不動産取得税、固定資産税等を引いたもの）。

けれども、これが地方の物件だと、そうはいかない。なぜなら、地方の不動産は時間とともに値下がりするので、買う時よりも売る時のほうが安くなり、それまでに得た家賃がすべて帳消しにされてしまうからである。

しかも、地方は賃借人が入りにくい。そのうえ、家賃も安い。なので、固定資産税その他の分がマイナスとなってしまう可能性があるからである。

これに対して、都心の物件というのは、賃借人もつきやすく、家賃も高い。なので、固定資産税その他の分を考慮しても損はしない。


また、値下がりもしないだけでなく、うまくいけば値上がりすることもあり、結局、得しかないのである。このように、「都心の子」の親は、常に何らかの形でお金が入るものを、子どもの目から見ても分かるくらいに頻繁に買っている。

私のクライアントで、かなり成功している会社の会長は、「自分の誕生日には、自分のために、気に入ったレストランを買う」ということをしていた。

最初にこの話を聞いたときには、ずいぶんと贅沢な趣味だなあと思ったが、それは違っていた。実はこの会長は、「絶対味覚」の持ち主だったので、そのレストランが自分の所有物である間に、料理の改良などを行い、そのレストランの価値を高め、最終的に、買った値段よりも高値で売っていたのだ。

要は、趣味ということの単なる道楽ではなく、ちゃんと実益が備わっていたのである。


ちなみに、都心のお金持ちは、趣味のための支出は、労働収入からは支出しない。

不労所得や一時収入の中から支出するのである。

そして彼らは、「欲しいものを買うために、お小遣いを貯める」の延長で「給与の中からコツコツと貯めて、所定の金額に達したら、使う」などということは、絶対にしないのである。宝石や高級衣服等の贅沢品も、そうである。

ましてやこれらを、**借金して買うようなことは、絶対にしない。**

もうここまで書けばわかると思うが、自分からお金を取っていくものを、（ときには借金をしてまで）お金を払って買う集団と、自分にお金をもたらしてくれるものをお金で買う集団がいる。前者が「地方の子」と「都市部の子」の親であり、後者が「都心の子」の親である。

繰り返しになるが、これが、先述した「格差社会が逆転しない理由の一つが、ほぼ確実に、ここにある」ということなのだ。


「都心の子」の親の趣味は道楽ではなく、必ず実益が伴っている

21
WORK

金（きん Gold）

地方の子

持つことが、そもそも想像できない

都市部の子

めったに縁がないもの

都心の子

家の中に、塊や造形物がある。普通に目にするもの

「地方の子」にとって、金というのは、まず見たことがないものである。

もちろん、折り紙などで金色というものがあるのは知っている。けれども、実物の金を見る機会はほとんどない。

私も幼少の頃は、金がどのようなものなのか、よくわからなかった。鉄は、すぐにわかる。身近にあるものだからである。けれども金は分からない。

実際、美術の先生に「金色って、どうやって作るのか」と聞いたことがある。もちろん、満足のいく答えは得られなかったが、金に対する憧れは大きかった。

ある時、金属標本の一覧があって、ワクワクしながら金のところを見た。けれども、そこには金の標本はなかった。

誰かが勝手に持って行ってしまったのかもしれない。とてもがっかりしたのを覚えている。

今の「化学」という学問の基礎になったのは、〝錬金術〟と言われる、鉄や鉛のような卑金属から、金を作るということを目指した、怪しげな領域であった。

結局は、その研究が進むと「そんなことはできない」ということになり、錬金術は自ら錬金術を否定することになってしまうのであるが、このように古来、人間は金に対して大きな憧れを持っていたようである。

これと同様に、「地方の子」は、見たことがないがゆえに、金に対する憧れも、並々ならぬものがある。

けれども「都市部の子」となれば、金は見たことがないという次元ではない。

博物館に行けば飾ってあるし、金箔製品は身の回りにある。何かの記念日にホテルのレストランに行けば、金箔入りのデザートが出されることもあるので、金箔を食べる機会もあるだろう。

けれども、さすがに、純金の塊（純金のインゴット）を見ることはなく、それを触ることもまずない。

ところで、**「都心の子」というのは純金の塊（純金のインゴット）に対して、さして興味を示さない。**その理由は、それが既に家の中にあるからである。

純金を細工した置物も、いくつか実際にあるし、金のメダルや金貨もあるだろう。

なぜ、「都心の子」の家にはそれがあるのか。

「お金が余って仕方がないから金を買うのだ」と思ったならば、格差社会は一向にして改まらない。

格差社会から脱け出すためには、もう少し想像力を働かせる必要があるだろう。

実は、金持ちというものは、金をセーフティーネットと位置付けているのである。もし自分の会社が倒産したとしても、家の中に隠し持っている金を換金することで、暫くは生活することができる。

その資金で再興することもできるであろう。これはもちろん、もし税金逃れの結果であるならば「資産隠し」であり違法であるが、まっとうな方法でやった結果なのであれば、非難されるいわれはない。

ちなみに、**今の日本では、倒産したときにはすべてが失われてしまう。**他の国のように、生きていくのに最低限必要な資産を残してくれる法制にはなっていないのである。

しかしながら、これは自分で会社を興したり、倒産の憂き目にあったりというような苦労をしない限り、知る必要もないし、知る機会もない。

こういった知識をしっかりと持っているかどうか。これが実は、格差社会の本質である。**格差社会を形成しているのは、金の量ではない。知識の量と質なのである。**

実際、私は子ども達に、こう教えている。

「ほら、これを持ってごらん。重たいだろう？　これが金の重さだ」

「ここにあるものは、すべて純金だ。けれども、決してそのことを他人に言ってはいけない。問われたら、『鉛に金メッキをしたものだ』と、答えるんだ」

そして、こう続ける。

「もしお父さんとお母さんに何かあったら、これらを換金して生きるんだ」

「たとえ向こうから優しい声をかけてきても、決して親戚なんかに頼ってはいけないよ」

こうしたことをしっかりと教えることを通じて、子ども達には「世の中とは、そういうものだ」ということを教えるのである。

ちなみに、金は簡単に換金できるものである。この点が不動産などの資産とは異なるのである。

けれども、金は現金ではないので、換金するには手間が要る。なので、家に現金を置いておく「タンス預金」よりも使い難く、貯めやすいのである。

このようなことから、お金持ちは貯金の代わりやセーフティーネットとして、比較的早い時期から金を所持することが多いようである。

無論、すべての自営業がそのようにできるわけではない。金として余剰金を貯め、それをそのままにしておけるような業種と事業を選んだ人だけが、それを継続することができ、最終的には都心に住むことができるようになるのである。

言い換えれば、せっかく購入した金をすぐに換金しなければやっていけないような事業種を選んでしまった人は、都心には住めないのである。

「たかが金、されど金」ということになるかもしれないが、金を所持しているかどうかというのは、いうならば知識と経験の差の象徴であり、格差社会の象徴である。

なぜ自分に金が持てないのか。

これを考えることが、格差社会を抜け出すキーになるのかもしれない。

21

「金を所持しているかどうか」は、知識の質と量でもあり、格差社会の象徴である

第2章のまとめ

▼地方では「稼ぎたい」「医者になりたい」と口にする子どもを叱る。いわば、地方は子どもの夢の破壊装置である

▼「地方の子」と「都市部の子」の親は、「お金は汚いものである」と子どもに教える。だが「都心の子」の親は、お金とどのようにうまく付き合っていくかを教える

▼お金を払って「自分にお金をもたらしてくれるもの」を買うのか、それとも「自分からお金を取っていくもの」を買うのか。そのどちら側にいるのかということの差は大きい。これらの両極が存在する以上、格差は広がって当たり前である

第3章

人、コミュニケーション

22
WORK

友達

地方の子

気の合う仲間

都市部の子

なるべく良い友達と付き合うように勧められる

都心の子

使える友人を探す

子どもにとっての「友達」というのは、基本的には「遊び仲間」である。気の合う同士が集まり、友人となるのは自然の流れである。

けれども、「地方の子」はそのレベルで止まってしまう。

それは、先の項でも述べたように、基本的には中学までが義務教育であり、高校というのはオマケみたいなものなので、友人は「中学までの遊び友達」という次元を抜けないのである。

ところが「都市部の子」の親は、小・中学校の先はもちろん、大学の次まで未来を見据えて考える。**だから子どもには、「なるべく良い学校に行って、良い友達と付き合いなさい」と言う。**

つまり、そういった頼りがいのある人物を友達に持てば、社会人になった後でも、何かと役立つと、そういうわけである。

こうした教えはもう中学校から始まるので、中学受験をさせるなど、なるべく良い中学校に行くように、子どもを仕向ける。

したがって、いわゆる「遊び友達」が許されるのは小学校まで、それも、中学受験の準備が完全に始まっていない小学校3年生くらいまでである。

けれども「都心の子」は、自分達が「頼られる側」になることを心得ている。

だから、友人間のネットワークはそれとして、将来的に部下として使えそうな人物に当たりをつけるということを、子どものうちから行っていくのである。

こうしてすでに、「まだ子ども」と言われる時代から、人を「使う側」と「使われる側」の格差が生じてくる。

そしてまた、これがそのまま大人になって、実際に「使う側」と「使われる側」になれば、もはやその間に生じた格差は、ほぼ埋めようがないくらいになってしまう。

22

子どものうちから「使う側」と「使われる側」の格差が生じている

東大

地方の子

ほぼ縁がない、行けないところ。特殊な天才しか行けない

都市部の子

努力すれば行けるが、相当にやらないと、まず行けないところ。身近ではない

都心の子

努力すれば、普通に行ける身近なところだと思っている

「地方の子」で、ちょっと成績の良い子がいたとする。その小学校では三本の指に入る秀英である。

だが、その子が「僕、将来は東大に行きたいんだ」と親に言ったら、鼻で笑われるだろう。あるいはもっとひどいときには、目を三角にして「馬鹿なことを言うんじゃありません！」と叱られるのがオチである。

東大というのは、日本で最高峰の学府であると同時に、最高の権威であるので、**「安易に口にするのも、はばかられる」というのが、地方の大人の一般的な感覚である。**

だから、権威にあまり敏感でない人は鼻で笑い、権威というものを知っている大人は「馬鹿なことを言うんじゃない」「そんなこと、軽々しく口にするもんじゃない」と怒るのである。それはたとえて言えば、天皇陛下や総理大臣のことを軽々しく口にした時と同じような感じである。

子どもが「東大に行きたい」と口にしたときの地方の大人の反応は、「天皇陛下に会いたい」「総理大臣になりたい」と、いかもたやすく実現できるかのように、さらっと言ってしまったときの様子と同じである。

ところで、地方では、各中学校の秀才だけが集まる優秀な高校が、最低一つは存在する。

いわゆる〝地方の名門校〟というやつである。各中学校の秀才が集まっていて、そこから東大に行けるのは、大抵は一人か、多くても二人くらいだ。

そういった名門校に入学した生徒でも、ほんのひと握りのトップファイブ以外は、最初から東大など、諦めてしまっているわけである。

だが「都市部の子」は、その都市で最高の進学校であれば、「地方の子」のケースと異なり、10人以上、東大に受かっている。

だから、東大は決して行けないところではなく、努力すれば行けるところだと思っている。

しかし、**そのためにはどのくらいの厳しい努力をしなければならないかも知っている**。その意味では、東大というのは、決して身近な存在であるとは言い難い。

では、「都心の子」はどうかというと、まず、そもそも住まいが皇居の近所である。そして、しばしば皇族を乗せた車を目にする。国会議事堂も近くにあれば、自民党の党本部もご近所である。

だから、こういったものに対して権威を感じろと言ったところで、かなり無理がある。東大も同様で、身近に東大出身者も多く、昔から親しみを感じている。実際、行こうと思えばいつでも行ける場所に位置している。

東大でオープンキャンパスが開催されたとき、一緒に行った娘は、安田講堂が正面に見える正門だろうが、歴史的産物である赤門だろうが、物怖じしないで通り抜けた。自分が高校生だった時には、「なぜか、無断で入ってはいけないような気がする」という感じで、恐る恐る通り抜けたというのに、それとは格段の差がある。

娘と一緒に教室に入って講義を聴いたが、講義が終わると、ある父親が悠然とした態度で教授に質問をした。

それはそうだろう。ここに来ている父親連中は、東大に限らずとも、一人残らず大学を出ているし、講義の後に質問することなど、平気である。

「地方の子」の親なら「自分は高卒なので、大学の先生、しかも東大の教授に質問するなど、恐れ多くて……」ということになろうが、ここに来ている父親には、そんな感情など芽生えるはずもない。

当然のことながら、会場内には、東大の卒業生や東大の関係者もいたに違いない。「都心の子」にとって、東大は物理的にも、また心理的にも身近な位置にあり、卒業生も頻繁に目にする。東大関係者も、そこら中にいる（現に、私も東大の客員研究員である）。

これで、「権威を感じろ」「遠い存在と思え」と言ったところで、どだい無理な話である。しかも、自分の学校からは、何人もの東大進学者が出ている。学校の先生に進路希望を聞かれ、「とりあえず東大と答えておけばよい」という感じである。

無論、偏差値の違いはあろう。**実際、「地方の子」よりも「都心の子」のほうが、全体的に偏差値が高いことが多い。**

けれども実際、千葉の田舎から東京に出てきて、今、千代田区で暮らしている私にとっては、田舎では宇宙のように思え、本当に遠い存在であった東大が、こんなにも身近なものであることに、面食らうばかりである。

23

「都心の子」にとって東大は物理的にも、心理的にも近い存在である。この感覚は「地方の子」との絶対的な格差につながっている

これは何も、東大ばかりではない。既述した皇室しかり、海外しかり、留学しかり、である。

この格差は、社会人になった後の努力では埋めようもないことがわかるだけに、ことは「東大をどう思うか」の問題だけに留まらない、深くて広いものがあると思わざるを得ない。

24
WORK

英語

地方の子

学校で習うが、うざくて不要な学問

都市部の子

高校入試や大学入試では非常に大きなウエイトを占めており、将来必要なものであることはわかるが、習得するのが難しい教科

都心の子

日本語と同様に、生活上では必要な言語

近頃では、外国人が来日する機会も増え、インバウンド需要も高まっており、何かと外国人に接する機会が増えた。これは都心でも地方でも、状況は同じである。けれども、やはり頻度が違う。更に言えば、**外国に行く頻度が、「都心の子」と「地方の子」とでは、圧倒的な差がある。**

娘が、千代田区の公立中学校から世田谷にある国立の高校へ進学したときに、「ねえ、パパ、飛行機に乗ったことがないって子がいるんだよ！」と、まるで異星人にでも会ったかのような口調で言ったことがあった。

私には最初、一体何の話であるのか、まったくわからなかった。

なぜなら、この私自身が「高校生になった時点で、一度も飛行機に乗った経験がない」という人間であったからだ。

だから、娘から最初にそのことを聞いたときには「それが、どうした!?」（だって、当たり前じゃん。高校生なんだから）と思ったのである。

けれども、少し考えて、わかった。

少なくとも中学生になるまで、この娘の周囲には、飛行機に乗った経験のない子どもなどいなかったのである。

そう言えば、娘の通っていた中学校（千代田区の公立中学校）では、友達同士で、どの航空会社のビジネスクラスが良いのかということを評価し合っていたという。当然のことながら、**皆が皆、一人残らず、海外に行った経験（当然のことながら、飛行機に乗った経験）があるわけである。**

外国に行けば、たとえそれがハワイやグアムであったとしても、英語をまったく話さない状態で過ごすことは、まずない。

だから、英語の必要性は確実に実感する。

そのことは、「将来は必要なんだろうなぁ」と、何となく漠然と思いながら学校で英語を勉強する面々とは、天地ほどの差がある。

この私とて、地方に住んでいた青少年時代は、英語というものは、試験勉強のために必要なのであって、将来の実生活においては英語を使うシーンなど、まず訪れないのではないか、と考えていた。

しかしながら、都心に住んでみてわかった。

だいたい、周囲に外資系の金持ち外国人が普通に住んでいるし、自分自身、外国に行く。出張もあるし、家族旅行もある。

しかもその頻度は多く、日本語が通じるメジャーなところばかりではない。当然のことながら、英語は必須である。

そして、大人になった今になってわかったことは、**地方に住んでいる大人達というのは、彼ら自身が「英語が必須だ」なんて思って生きていないのだ。**

当の大人達がそう思っていないのだから、「将来、英語は必要になる。今のうちに勉強を頑張りなさい！」と子どもを激励したとしても、まったく説得力がない。

これに対して「都心の子」は、親と一緒に海外へ出かけた際に、英語で現地人と話す親の姿を見て、当の親から「ほうら、英語ができるって、良いだろう？　世界が広がるんだ」と言われる。そう言われてしまえば、それ以上説得力のあるものはない。「英語は、必要だ。英語は必須だ」と、心の底からそう思える。

日本の自宅にいたところで、親の友人の外国人が来て、英語で話しかけられるのだ。そしてまた、自宅マンションのエレベータだって、外国人と会うのが普通である。

「門前の小僧、習わぬ経を読む」というのは有名な諺で、お寺の門のところで掃除をしていている小僧さんは、そこで本堂から聞こえてくるお経を毎日耳にしているので、あえて覚えようと思わなくても、いつの間にかそれを覚えてしまう。

英語も同じである。モノの習得や勉強には、何といっても環境が大事であり、英語力に関して「地方の子」「都市部の子」「都心の子」を比べてみると、いつもこの諺のことが頭に浮かぶ。

英語を毎日欠かさず2時間ずつ勉強している「地方の子」よりも、一週間に2時間程度しか英語の勉強をしていない「都心の子」のほうが英語力が高いという話も聞いたことがあり、我が家の子ども達を見ていると、それもあながちウソには思えない。

「ニワトリが先か、卵が先か」の議論と同じような話になるかもしれないが、格差是正のためには、かなりの無理をしてでも、まずは都心に住んでみるというのもひとつの方法なのではないかと思う。

モノの習得や勉強には、何よりも環境が大事である

25
WORK

お父さん

地方の子

存在がうざい邪魔者

都市部の子

良いところもあり、悪いところもあり、何かと微妙な存在

都心の子

面白くて楽しいし、何かと頼りになる大好きな存在

「地方の子」「都市部の子」「都心の子」で、それらの父親の資質がどのくらい異なるものなのか。このことについて纏めた論文のようなものは、まず存在しないであろう。けれども私自身の肌感覚で言うと、少なくとも喫煙率は、「地方の子」の父親のほうが高いのではないかと思える。

また飲酒の程度というと、「体を壊すまでお酒を飲んでいる状態（不健康な多量飲酒）」は、「地方の子」の父親のほうが多いような気がする。無論、「都市部の子」の親も、特にそれがサラリーマンで、ことに中間管理職である場合には、仕事での付き合いもあり、「不健康な多量飲酒」をすることもあるだろう。

この私もそうであるが、「都心の子」の父親には、「仕事帰りに一杯ひっかける」、「ガード下の安酒場で安酒を飲みながら酔っぱらって上司や会社、社会の愚痴を垂らす」という習慣はない。周囲を見渡すと、千代田区に住む父親は、大抵、健康的なのだ。

だいたい、酒を飲んで愚痴を言って憂さを晴らすくらいなら、その問題となっているところを解明して解決する方向に持って行けばよい。

無論、解決できない問題もあるだろう。そうであれば、なおさら、さっさと別の課題に取り組んで、そんな問題のことはすっきり忘れてしまうほうが良い。

また、「英語」の項目で話した通り、「都心の子」の父親は外国相手の仕事をしていることも多いので、英語ができる。だから、ときどき子どもに英語を教えたりしている。父親が娘に英語を教えることなんて「地方の子」にはありえないことかもしれないが、「都心の子」の親は、それができる。

このようにだいたいにおいて、父親は頼りになる存在であり、しかも、「年金」のところで述べたように、社会に対する変な依存心もなく、経済的にも独立している。

こんな「お父さん」は、娘にとっては格好良く映るらしく、千代田区など都心部では娘から好かれ、慕われている父親は多い。

「都心の子」にとって父親は頼れる存在であり、憧れの存在でもある。経済的にも、社会的にも自立しており、「いつかは自分もそのような存在になりたい」というヒーローでもある

26
WORK

芸能人

地方の子

「どこに住んでるんだろう⁉　一度でいいから会ってみた〜い！」

都市部の子

「めったに見かけないけど、たまに見かけることがあるなぁ」

都心の子

「今日は見かけなかったね」

地方の子にしてみれば、芸能人というのは「めったに会うことがない雲の上の人」であり、まるでテレビの中だけにしか存在しないような、極めて稀有な存在である。

そしてこの「テレビ」というのは、実は、「距離感」というものを演出するツールらしい。ネットで見れば身近なものも、テレビに出ると、とたんに凄いものや遠いものといったような感覚になる。

「どうやったらテレビに出られるようになるのか？」

これは地方の子にとって、大きな憧れを伴った素朴な疑問である。彼らにとっては、テレビに出ること自体が凄いことで、そこに出ている芸能人というのは、まさに「雲の上の人」である。

けれども都市部の子は、自分の生活圏でときどき芸能人を見かけることがある。彼らにしてみれば、芸能人というのは珍しいけれど、会えることがある存在である。もちろん、見かければ見かけたでキャーキャーするが、もの珍しいとか、凄いと思ったりすることはあっても、**「雲の上の人」というまでの感覚は無い。**

しかしながら、都心の子となると、話は別である。都心の子にとって芸能人というのは、「同じマンションに住んでいる普通の住人」の中の一人である。

すなわち、芸能人という人種は、一般的に、セキュリティがしっかりとしており、プライバシーがしっかりと守られるところに住んでいる。彼ら（彼女ら）が住むのは高級な一戸建て、あるいは高級マンションであり、高級マンションの場合、しっかりと教育されたコンシェルジュが配置されていて、生活の利便性に支障が無いことが挙げられる。


もしこれがいないと、水道の故障とか停電といったような何かちょっとしたトラブルがあったときに、いちいち、芸能人であることが周囲にばれることになってしまうからである。また、しっかりと教育されていないと、芸能人というだけで騒ぎ立てられるので、住み続けられないのである。

そしてまた、さらに重要なのが、**各階ごとのセキュリティであり、かつ、同じ階の住人が少ないことである。**自分の家のドアの前に自由に来られる人間の数が多ければ多いほど、スクープされるリスクが高まるからである。

余裕のある「車寄せ」（もちろん、しばらく停車させていても支障の出ない広さの「車寄せ」）と、他人とあまり会うことがない裏口の存在も、ほぼ必須である。こういったものがあるからこそ、専用の車で送られてきた芸能人は、誰にも見られることなく、さっと部屋に帰ることができる。

また、仕事に行ったり、ときには、旅行に出かけたりする際にも、迎えの車が待機しているところに、サッと車に乗って出かけられる。

こうしたことは、実は、ある程度顔が売れていたり、それなりに名前が知られている富裕層やエグゼクティブ達が求めているものと合致するわけなのである。したがって、都心の子のうち、一定レベルにある世帯は、ほぼ必ず、芸能人と同じ高級マンションに在住しているわけである。

芸能人は都心の子の家族とは少し異なり、ことさらに気を遣って人目に触れないように行動する。そして、先ほどの理由で、あまり大規模なマンションは選ばれないので、どちらかと言うと小ぢんまりとした高級マンションが選ばれることになる。

当然、エレベータの数も少ない。そうなると、どうしても、何度かはエレベータの中で芸能人と顔を合わせることになる。

そうなると、そのマンションに住んでいる子ども達は、さっきまでテレビに出てい

26

「都心の子」の親と芸能人が住居に求める条件は同じである

た人と、いやテレビではなく、そこのデジタルサイネージに出ている当の本人と、いきなりエレベータの中とかで会うわけである。

ただ彼ら（彼女ら）は、すぐに分かる格好はしていない。つまり、テレビに出てくるような格好そのままをしていないのである。帽子をかぶりマスクをしていたりするのだ。だって、そうだろう。現在という時代は、それこそ衆目に監視されているような状態の時代である。ふらっと立ち読みをしていたって、今であれば、いきなりスマホで写真を撮られて、あっという間にネットに拡散してしまう。こんな時代だからこそ、用心をしている。

都心の人間は、こういった方々に対して挨拶くらいはするが、うまく無視をする。それが、彼ら（彼女ら）に対する礼儀だと思っているように、そうするのである。そしてまた、成長の比較的早い時期に、自分の子らにもそれを教える。**もし芸能人を見ても、全く動じず、サラッと無視してとりなす。それが都心の子の流儀である。**

27
WORK

外国人

地方の子

めったに見ない。ちょっと怖い

都市部の子

たまに目にするし、話しかけられたこともある

都心の子

同じマンションに住んでいたりするし、何かと親しみやすい存在

地方にいる外国人は、大抵は、旅行者か、出稼ぎに来ている東南アジア人である。それでも、そう頻繁に見るわけではない。しかも、英語がしゃべれない外国人もいる。英語を話せるとしても、地方では英語も通じないことがわかっているので、あまり町の人達に話しかけない。

なので、「地方の子」にとっては、外国人というのは、ちょっと距離を置かれた少し不気味な存在である。したがって、**「地方の子」から外国人に積極的に接することや、話しかけるようなことは、まずない。**

都市部には、もちろん旅行者も出稼ぎ外人もいるが、その他にもビジネスで来ている欧米人も見られる。

ビジネスで来ている外国人は、大抵、日本人に接することに慣れている。向こうからも気軽に話しかけてくるし、こちらから話しかけてもフレンドリーに接してくれる。「都市部の子」にとって、外国人に対して特別な怖さを感じることは、そうないだろう。

一方、都心には外国人が普通に居住している。隣人が外国人であることは、けっこう頻繁にあることである。エレベータで一緒になることも、芸能人や有名人に会うよ

国際的であるかどうかも、住む場所によって決定される

りも多く、「都心の子」にとって、外国人は普通の存在である。

しかも、都心に居住している外国人は、ハイスペックかつハイレベルなので、行儀や振る舞いも素晴らしく、エレガントでもある。だいたい生活レベルも同じくらいなので、話も合う。こういったことからも、「都心の子」は国際的に育っていく。

「年収は、住む場所によって決まる」と言われるが、「国際的」という点では、「都心の子」は、都心に住んでいるというだけで既に世界に向かって将来が開かれており、国際ビジネスの場では、他の地域の子どもよりも優位な位置にある。

28
WORK

サンタクロース

地方の子

いないに決まっている

都市部の子

いるかもしれない

都心の子

えっ、いないの⁉

28

「地方の子」は、お金がない分だけ、現実主義者である。親もお金を節約したいので、早めに幻想から子どもの目を覚まし、この世の現実を教える。

「都市部の子」というものは、夢を抱き続けられる子どもと、現実に生きる子どもとが混在している。そしてそれらは、大抵の場合、互いに別グループになっている。

ところが、「都心の子」の親は、お金を使って、巧妙にだまし続けることができる。フィンランドから、サンタクロースが差出人の手紙まで届けられるのだ。

これで、大抵の子どもは、中学生になるまでだまし続けられる。そして、周りはそんな連中ばかりなので、〝夢〟はそう簡単には壊されない。

このように、「地方の子」のほうが現実的であり、彼ら彼女らの〝夢〟というのは、子どもの頃のかなり早い時期に壊される。

地方の子は、親によってそれが仕事だと言わんばかりに、夢を早期に壊される。都心の子は、夢を見ていられる時間が長い

29
WORK

私立高校、公立高校

地方の子

成績の良い子は公立高校に進学する。公立高校に行けない落ちこぼれが、私立高校に行く

都市部の子

成績の良い子は公立高校に進学する。ごくたまに、とても成績の良い子が、難関の私立高校に行ったり、国立の高校に行ったりする

都心の子

難関の私立高校に行けない成績優秀者が公立高校に進学する。その他は偏差値の低い都立、都立の二次募集、偏差値がないに等しい私立高校に行く

地方と都市部と都心とでは、「私立高校」というものに対する位置付けが著しく異なる。私が中学生の頃、私立高校というのは、公立高校に行けない落ちこぼれが行くものだと思っていた。

「公立の一流高校が最高」。

これが地方の常識であったし、今でもそうなのではないかと思う。

都市部でも、この「公立の一流高校が最高」というのは、変わらないのではないだろうか。ごくたまに、一流の私立に行く者もいるが、それほど数も多くないので、あくまで〝例外〟扱いされることになる。

けれども都心では、**私立の一流高校が最高位であることが、常識となっている**。なので、たとえば入塾するために難しい試験を課す大学予備校でも、こういった私立高校の生徒は、無試験で入ることができたりする。

では、公立高校の程度が低いのかというと、決してそうではない。

特に、国立の高校や、都立の中でもトップクラスの高校というのは、もちろん、極めて優秀な生徒が集まり、どこからも一目置かれている。けれども、一流の私立から見ると、何となく見劣りするということなのだろう。

ちなみに、米国では、大学も、私立のほうが優位であり、国立は私立に負けている。この状態が高校の段階で起こっているのが、都心の現在の状況である。

29

都心では、私立の一流高校が最高位である

30
WORK

少女漫画の服装

地方の子

「すっごーい！　一度でいいから着てみたい！」

都市部の子

「ちょっと一般向きじゃあないかな……」

都心の子

「あんまり、良い服（高い服）じゃないよね……」

［少女漫画の服装］

30

少女漫画に出てくる主人公というのは、大抵はお金持ちで、美人である。したがって、その主人公が着る服というのは贅沢で、きらびやかである。「地方の子」にしてみれば、一度は着てみたい憧れの服である。

ただ、「都市部の子」は、そんな服が実は世間離れしたものであることを知っているので、少し冷ややかな目で見ている。あんな服なんか着て歩けないと思っているのである。ただ、パーティーとかでは着てみたいなと思ったりはする。

けれども、「都心の子」は、そうした少女漫画の著者がそれほど裕福ではないことを知っている。

そして、少女漫画というのは富裕層が書いているものではないし、登場人物もそんなにお金持ちではないという印象を持っている。

大抵は、自分が着ている服よりも安いと思っているのである。

都心の子にとって、少女漫画の服装は自分の普段着よりも安いと思っている

31
WORK

地元の八百屋のイメージ

地方の子

近所のおじさん。身近な人

都市部の子

裕福には見えない。庶民の代表格

都心の子

とてつもない金持ち

野菜というのは安価なので、果物屋とは収益性が大幅に異なる。野菜というものは、基本的に捨てるところがない。これに対して、果物というのは間引きをする。要は、いとも簡単に捨てられるわけである。

果物屋が高価な贅沢品の商売であるのに対し、八百屋というのは、いわば薄利多売の商売形態である。このような形態の商売が成り立つ場所というのは、限られている。そう、**ある程度の人通りがあるところで、地価が安い場所である。**

したがって、地方や都市部には、「地元の八百屋」というものがそこかしこに見られ、特に商店街にあるものは盛況である。

こうしたところには、固定の馴染み客も多く、特に、何かと行く頻度の高い「地方の子」にしてみれば、「地元の八百屋」というのは身近な近所のおじさんという感じである。もちろん、その家の子と友達であったりもするので、そう思うのは自然の感情であろう。

そしてまた、「地元の八百屋」というものをごく身近な存在として感じるのは、「都市部の子」も同じである。けれども、その家の子どもが持っている物などから、その家の生活水準というものがわかってしまう。

ホワイトカラーの家の子から比べると、八百屋の子どもは、どうも貧乏くさいように映るわけで、「都市部の子」にしてみれば、彼らは決して裕福には見えない。ある意味では、自分達よりも生活水準の低い「平均的な庶民の代表格」という感じに見える。

ところが、「都心の子」にしてみれば、地元で八百屋をやっている家というのは、「とてつもない金持ち」という印象である。先に述べたように、そこの家の子どもが持っている物などから、その家の生活水準というものがわかってしまう。

それらを見ても、どう見たとしても貧乏ではない。むしろ、スーパーリッチである。**実際、都心で八百屋をやっていられること自体、もの凄いことなのである。**

既に述べたように、八百屋の商品である野菜というのは値段も安く、商売形態というのは基本的には薄利多売形式でしか成立しない。したがって、人通りの多い「比較的地価の安い場所」でしか成立しないわけなのであるが、たとえば千代田区などは「千代田区村」と言われるくらいに、住人の数が少ない。なので、千代田区選出の東京都議会議員は、たったの一名である。

しかも、地価もとても高い。よって、八百屋という商売形態が成り立つことなど、まずありえないのである。

けれども、そうしたところで八百屋をやっていられるというのは、農産品に関する何らかのビジネスをしっかりと行っているということだろう。

娘の友人の家は、千代田区の一等地に住み、そこで八百屋を開業している。

その友人は、持ち物はすべてブランド品であり、当然のことながらディズニーランドの年間パスも持っている。その家の三人の子どもは、すべて私立の中学高校、そして大学なのであるが、みんな何不自由なく暮らしている。

どうしてそんな生活ができるのかと聞いたら、アラブの王家からの要請に応じて、厳選された野菜や果物などの生鮮品を現地へ送っているのだという。

また、先祖伝来のこの千代田区の地に多くの不動産を所有しており、そこからの上がりだけでも、かなり裕福な暮らしができる。


都心における「地元の八百屋」。決して侮れない存在である。

都心にある八百屋はかなりの富裕層である

第3章のまとめ

▼「都心の子」は無意識のうちに将来、部下として使えそうな人物を探している。つまり、子ども時代に「使う側」と「使われる側」の立場がほぼ、決定しているのである

▼幼い頃から英語を使う環境の中に身を置くことが、英語上達の近道である。将来、国際的な人間になるかどうかは、幼少期からの環境に依っており、大人になってその差を挽回するのはほぼ不可能である

▼「地方の子」や「都市部の子」は早いうちに現実に目を向けさせられる。だが、「都心の子」はお金の力で、長い間、夢を見続けることができる

第4章

仕事

32
WORK

仕事と家庭

地方の子

大人というのは仕事に行くようだけど、楽しそうじゃない。僕達とも遊んでくれないし、つまらない。大人になんか、なりたくない

都市部の子

大人になると、ものすごい勢いで働く。僕達と過ごす時間もない。大人になるって、大変だなあ……

都心の子

仕事は楽しそうだし、お金も自由だ。大人になるって、楽しそう！

「地方の子」の親も「都市部の子」の親も、「作業量見合いで仕事をする」あるいは「働く時間で収入を得る」ことで収入、つまり「生活の糧」を得ているため、収入をもっと多くしようと思えば、必然的に長時間働くことになる。したがって、収入が増えれば増えるほど、家族と過ごす時間は少なくなる。

「地方の子」の親は、知識労働階級ではないことが多く、肉体労働や小売りサービス、単純労働といった類の仕事に従事しているため、時間単価は安く、いくら働いても劇的に収入が増えるわけではない。

「だったら適当に働いて、適当に生活をする」という心情になりやすく、仕事に対する積極性はほとんどないと言ってもよいくらいである。

そしてまた、仕事それ自体が面白くないわけだから、仕事に生き甲斐を見出すなどということはありえず、仕事以外の趣味やその他に生き甲斐を見出すことになる。

また、仕事で受けたストレスは、仕事以外の別のことで憂さを晴らすことになる。

そして、仕事以外の生き甲斐（たとえば趣味など）や、憂さ晴らしのためのことにも時間やお金がかかるため、必然的に子ども達と遊びに出かけるなど、楽しく過ごす時間は少なくならざるを得ない。

「地方の子」の親の典型として、父親は仕事に行き、母親はパートに出ている。父親も、そんなに遅くまで仕事はしない。帰れば晩酌かテレビ。子どもと過ごす時間は、あまり多くない。

そんな親は、子どもから見れば、「大人になったら、仕事に行かなくちゃならない」「ちっとも楽しそうじゃない。仕事をしていないときでも自分の好きなことばかりしているので、僕達とも遊んでくれない」「大人はつまらなそうだ」。なので、「大人になんか、なりたくない」

子どもは、こう思うようになるわけである。

「都市部の子」の親が「地方の子」の親と大きく違うのは、**そのほとんどが知識労働者と呼ばれるものであり、時間単価も高いことである。**

〝サラリーマン〟や〝ビジネスマン〟と言わる階級も、ほとんどここに属すると思えばよい。

こうした家庭は、大抵は妻も仕事を持っており（しかも、パートではなく、正社員であるのがほとんど）、その家庭のほとんどは共働きだ。

両親ともとても忙しいので、子ども達は両親とゆっくり話す時間がない。両親ともに、「これも収入を多くして家族を養い、家庭生活を豊かにするためだ」と理解しているが、本当は、「家族のために働きながら、家族で過ごす時間がない」という矛盾に悩んでいるのである。

実際、「都市部の子」の親は「地方の子」の親とは違って、仕事それ自体が面白く、やりがいを持って仕事に取り組んでいる。

そのため、ときには「土日もなく、正月休みもない」というくらい、仕事に没頭する。ややもすると、**「仕事のほうが家庭よりも大事」であるかのような行動に出てしまうこともある。**

そしてこれが、「家族を養い、家庭生活を豊かにするために仕事を頑張っているが、仕事を頑張れば頑張るほど、家族がないがしろになる」という矛盾の原因になっているのだ。

すなわち、「常に競争原理にさらされていないと負けてしまう」ということであり、その点では「地方の子」の親よりも過酷な就業状態の下で仕事をしているとも言えるだろう。なので、こんな親を見て育つ子どもとしては、「大人になると、すごい勢いで働かなければならない」「大人って大変だなあ……」という感想を持つ。そしてまた、正常な感性を持つ子どもであれば、「大人には僕らと過ごす時間もない」ということを、容易に理解するようになる。

「都市部の子」の親も、「地方の子」の親も、時間単価の差や職業意識に差はあれど、「作業量見合いで仕事をする」あるいは「働く時間で収入を得る」ということで収入を得ているという点では、まったく同じである。要は、「どちらも自らの時間を使う」ことで、収入を得て、生活をしているわけである。

ところが、「都心の子」の親というのは、基本的に、「作業量見合い」や「労働時間見合い」で仕事はしないし、それで収入を得ることもほとんどない。

彼らは「品質見合い」で仕事をし、収入を得ているのである。より具体的に言えば、「ブランド見合いや、責任見合いで権利商売をしている」ということにもなるだろう。たとえば、自分の腕を上げたり、社会的な評価を高めたりすることで自分の時間単価を上げるというのは「都市部の子」の親が考えることだ。

それに比べて、自分が有名になることで、自分の名義を貸すことを許容する代わりに月額の顧問料をもらうというのが「都心の子」の親が考えることだ。このような階層は、**自分の時間ではなく、「他人の時間で稼ぐ」ということができるのである。**社会的な評価を高めてくれるのは、自身の努力はもちろんのことであるが、その実は、周囲の人間の努力によるところが大きいのである。

周囲の人間の努力によるところが大きいため、一見すると他人任せと思われがちだが、自分の時間を削る「作業量見合い」や「労働時間見合い」で仕事をしていないから、世の中の流れや価値に自分の生活スタイルを合わせることをしない。

ある意味では、好き勝手に生きているように見えるかもしれない。

そして、子どもの視点でそうした親達を見てみれば、「大人って、良いなぁ……」という気持ちになるのである。

父親（あるいは、たまに母親）の仕事は忙しそうだか、自分達と一緒にいる時間も長い。そして、父兄参観はもちろん、学芸会にも、運動会にも、夫婦そろって来校する。週末となれば、ほぼどこかに出かけることになるし、いつもおいしそうなレストラ

32

ンで外食する。オーケストラを鑑賞することもするし、少し長い休みとなれば海外旅行にも出かける。そんな親達を見て、子ども達は率直に、「仕事は楽しそうだし、お金も自由だ。大人になるって、楽しそう！」と思う。

けれども、今の日本の教育制度は、立派な「都市部の子」の親になるように仕組まれている。

むしろ、「都心の子」の親のような生活スタイルの人物を「悪」と教えるところだってあるのだ。

したがって、**地方や都市部において、「都心の子」の親のような人々の数が今後多くなることは、あまり期待できない。**

現在の日本の教育制度は「都心の子」の親の働き方スタイルを否定している

33
WORK

仕事

地方の子

メーカーや小売業に従事すること

都市部の子

単価の高いサービス業、専門職に就くこと

都心の子

人を使うこと。会社を経営すること。会社を所有すること地方のほうが、一次産業や二次産業に属している割合が多い。第三次産業たるサービス業も存在するが、弁護士や弁理士、会計士といった専門職は少ない。

言いかえれば、そういったサービスの需要がないのである。

単価の高いサービス業というのは、医師や歯科医以外は、地方にはほぼ存在しないとも言えるだろう。

次の項で詳しく述べているように、人間とはブレーキとアクセルとが逆についているようなもので、**「人間の生命維持に必須のものや必要なもののほうが、本来的に不要なものに比べて単価が安い」といった変な構造になっている。**

たとえば、卵や牛乳など生命維持に必要なものは、ここ数十年でもほとんど値段が変わっていない。しかし、弁護士費用や税理士費用といったような、生命維持にはほとんど関係ないものに限って、値段が高いのである。

そしてまた、そういった仕事のほとんどは都市部や都心にあり、それがそこでのGDP（ひいては、世帯収入や生活水準）を高めることになっている。

つまり、生活に必須のものは地方に、生活に必須でないものは都心や都市部にあるわけである。
そうしたことは、日本に限らず、どこの国にも共通する。したがって都心というのは、ほとんど〝生活の臭い〟や〝人間らしい生活〟といったものから離れるようになってしまっている。

ちなみに女性が働く割合というのは、地方では意外に高い。これは、農業や漁業といった、人間が生きるために必要な職業には、女性も従事するからである。

さて、人間社会においてその存在が必須のようでありながら、人間の生命維持にはあまり深く関係しない究極の職業といえば、会社や事業のオーナーである。
都心に行くと、そんな連中ばかりである。

生活に必須な仕事は地方に、必須でない仕事は都心や都心部に存在する

34
WORK

ビジネス

地方の子

どこかに勤めること。パートに行くこと。アルバイトをすること

都市部の子

世の中に必要な物やサービスを提供すること

都心の子

人が好きなこと、他人がやらないことをやって大きく儲けること

「人間というものは、ブレーキとアクセルが逆についている」と述べた斉藤一人氏曰く、「このことを理解していない者は、商売で成功することはできない」という。

彼が例示していたのは、「医療費負担が少しでも増えると怒るくせに、高価なバッグを平気で買ったりする」ということである。

つまり、人の命に関わるとても大切なもの（＝医療費）の方がないがしろにされて、自分の命とはまったく関係のない高価なバッグのほうに走る。これが人間というものだということである。これがわからないと、「世の中で必要とされるもの」を安く作るビジネスを立ち上げては、失敗する。

逆に、「世の中に必須ではないが、人が好むもの」を高く売るビジネスを立ち上げた人が、成功することになる。

そう、実際に「食費を削って、趣味のものを買う」という人は、そこら中にいる。繰り返しになるが、「人間とは、命に関わるはずの食費を削って、命とはまったく無関係の趣味のものを買う性分だ」という事実を理解していなければ、商売や事業で成功することはできない。

けれども多くの人は、この〝人間の逆の原理〟を知らず、あるいは、知ってはいてもそれに従わず、相変わらず「世の中に必要なもの」をひたすらに探求し、それを事業にして儲けることだけを考えている。**そのため、最終的には失敗する。**

「地方の子」は、「どこかに勤めること」や「パートに行くこと」、「アルバイトをすること」がビジネスであると考える。それらは単に「労働する」というだけのことで、ビジネスでもなんでもないのに、そう考える。

なぜなら、その子の親がそう考えているからであり、彼らにとっては、「生活の糧を得んがために働くこと」がビジネスなのだ。

けれども、「都市部の子」の親ともなれば、ビジネスというのは、単に生活の糧を稼ぐためのものではなく、世の中に対して何かプラスになるようなことをしなければビジネスをする意義がないと考えている。

したがって、「世の中に必要な物やサービスを提供すること」を考えるが、そのための事業を始める一歩が踏み出せない。

しかしながら、その一歩を踏み出さないのは、実は、正解である。先に述べたように、〝人間の逆の原理〟があるがゆえに、そういった事業は、ほぼ１００％、失敗してしまうからである。

ところが、そのうちの何人かは、その一歩を踏み出してしまい、最終的には都市部に住めなくなってしまうことになる。

一方、「都心の子」の親は、〝人間の逆の原理〟をよく知っている。**言ってみれば、なぜ、宝くじの胴元が大儲けできるのかをよく知っているのだ。したがって、「人が好きなこと」や「他人がやらないこと」をやって大きく儲けることを考えるし、実際に実行する。**

そうして得たお金を使って社会貢献し、多くの人に感謝される。これこそが彼らのビジネスである。

34

人間は、命に関わるものをないがしろにし、そうでないものには欲を示す

35
WORK

会社と仕事

地方の子

なるべく給与が良い会社に勤めたい

都市部の子

取締役のように、社会的地位が高くて収入も多い職に就きたい。弁護士や会計士のような専門家でもいい

都心の子

ビジネスオーナーになれば仕事をする必要がなくなる

会社というものは仕事をするところであり、仕事というものは生活の糧を得るためにするものである。こういった人間の根源に最も近い形で仕事に取り組んでいるのが「地方の子」の親である。

これは、たとえば縄文時代に狩猟・採取の仕事をしていた時の考え方や生活スタイルとほとんど同じである。

これに対して、「都市部の子」の親は学歴も高いことから、人間の三大欲求が満たされればそれでOKというわけではなく、「承認欲求」のような社会的欲求も満たされることも考える。

したがって彼らは、単に収入が高いというだけでは満足しない。何らかの形で、社会的欲求も満たされることを望む。

それが、取締役のような社会的な地位を欲するようになったり、弁護士や会計士のような社会的ステータスの高い職業に就く強い動機となっているのである。

ただし、勘の良い方はすぐに理解したと思うが、人間には先述した〝逆の原理〟が当てはまり、生命に関係のないことばかりに目が行くという性質がある。

たとえば、「都市部の子」の親によく見られる「家庭を顧みずに仕事をする」というのも、「食費という命に関わるものをないがしろにして、命とは関係のない趣味のもの（たとえばバッグや釣り道具）を買ってしまう」というのと、まったく同じである。

けれども、彼らはそういったことに気付かずに、仕事が忙しくなると、「定期検診や人間ドッグをフイにして仕事に打ち込む」といったことをしがちで、それが原因で実際に命を落としたりもする。

しかし、「都心の子」の親というのは、先にも述べたように、この〝人間の逆の原理〟をよく知っているので、**仕事よりも自分の命や家庭のほうを大事にする。**

そのため、決して仕事が忙しいという理由で人間ドックをキャンセルしたりはしない。

仕事と家庭のうち、どちらが大事なのかを知っているのだ。そして、その通りに行動する。

そしてまた彼らは、「仕事というものは趣味と同じで、命をないがしろにするくら

35

「都心の子」の親は、そもそも仕事をする必要がない

いの魅力を秘めている」こともよく知っているし、また「ビジネスオーナーになってしまえば、そもそも仕事をする必要がなくなる」ということもよく知っている。

したがって、「都心の子」の親は、自分の時間でお金を稼ぐことをせず、**他人の時間でお金を稼ぎ、現場の仕事からは一定の距離を置くようになる。**

たとえ会社のほうで不正が起きても、他人に仕事を任せきりにしたままの人もいるくらいだ。

住む場所によって意識や考え方が変わるのか、それとも、意識や考え方が違うから住む場所が違ってくるのか、そのどちらが正しいとも言えないが、会社と仕事に対する意識は、これほどまでに違う。

36
WORK

不正

地方の子

世の中、不正なことばかりだ

都市部の子

不正は世の中の悪である

都心の子

不正をしなくてもよいようにする。不正をしなければならない状況に自分の身を置かない

「地方の子」の親は社会的地位も高くなく、中央の有力者とつながっているわけでもない。したがって、自分達が社会に不満を持っていたとしても、もはやどうしようもないということをよく知っている。

だから、愚痴る。愚痴ったとしても何も変わらないし、どうしようもないというのに、愚痴る。

その愚痴の対象として典型的なものが、社会での「不正」である。

一般に、不正というものはお金になる。正義はお金にならないが、不正というものはお金になるのである。それもすぐに。

だからこそ、その誘惑に勝てず、不正に手を染めてしまう人は後を絶たない。そしてまた、本当に悪い人はなかなか捕まらない。

これは、交通違反を見てみればわかるだろう。取締場所をよく知っている者は捕まらず、取り締まられていない場所で悠々とスピード違反していたりする。捕まるのは、その土地に明るくない、他の場所から来た善人が、いつもはきちんとルールを守っているのにたまたまうっかりやってしまったような場合である。

警察もそのあたりは心得ていて、そういった人達が引っかかりやすい場所で張っていて、そこにかかった人を軽々と捕まえていく。

こんなシーンを目にすれば、「世の中、不正なことばかりだ」「正直者が馬鹿を見る」といったような考えになり、やるせない気持ちになるものだ。そういった気持が愚痴になる。

そしてこれは「都市部の子」の親も同じで、そういった不満を口にしている姿は、新橋あたりのガード下の居酒屋などでよく見られる光景である。けれども、「都市部の子」の親は「地方の子」の親とは異なり、学歴も高くスマートで、プライドもあるので、子どもの前では社会や会社のことを愚痴ったりはしない。

したがって、「都市部の子」は、「不正は世の中の悪である」と、素直にそう思ったまま大人になる。

けれども、「都心の子」は、その親から「これから組織の長や、会社のオーナーとして、知っておかねばならないことや、やっておかねばならないこと」の一つとして、**「人間というのは、弱いものであること」を教わる。**

つまり、組織管理の要諦は「性悪説」でもなく「性善説」でもない。「性弱説」であると、教わるのである。一万円が落ちていた場合、それを拾った人は、大抵は、まず周りを見渡す。そして、誰かと目が合えば交番に持って行くし、誰も見ていないことがわかると、くすねることが頭に浮かぶ。

結局、人間の心は弱いものなのである。だから、見張っていてあげなければならない。監視してあげなければならない。「都心の子」は幼い頃から、そういったことを学ぶのである。

このような子ども達は、「不正をしなくてもよいようにする」ということで、他人にはきちんと見ていてあげるようなシステムを作ることを考えるし、「不正をしなければならない状況に自分の身を置かない」ということで、自らは窮乏することがないように気を遣うことになる。

組織管理の要諦は「性弱説」である

37
WORK

組織と人

地方の子

サラリーマンなんかに、なりたくない（働きたくない）

都市部の子

サラリーマンになんか、なりたくない（自由業でいたい）

都心の子

サラリーマンになんか、ならない（社長か、ビジネスオーナーになる）

「地方の子」は、基本的には「大人になんか、なりたくない」と思っている。つまり、あくせくと働きたくないのである。できれば、いつまでも子どものまま、遊んで暮らしたいと思っている。それがたまに、「サラリーマンなんかに、なりたくない！」という強い言動となって表れる。

「都市部の子」は親を見て、宮仕えというのがいかに大変で辛いものであるかをよく知っている。ただ、「地方の子」と違ってもう少し現実的なので、いずれは自分もそうなることをわかっており、その負担が幾分軽くなるように人よりも勉強し、より良い大学に行こうとする。

学歴が良ければ良いほど出世も早く、我慢しなければならない期間が短くなることを知っているのである。

こうした優等生的な考え方を持っていたとしても、「都市部の子」は心のどこかで、「逃れられるなら、逃れたい」と思っている。

けれども現実的には、ある程度満足のいく待遇（収入、福利厚生、社会的評価）を得るのは、大企業に就職するか、あるいは、公務員として宮仕えをするか以外には、とても難しいことも知っている。

37

「都心の子」は子どもの頃から「社長にしかできいないこと」を考える

なので、非現実的な淡い願望として、「サラリーマンになんか、なりたくない」「できるなら自由業に就きたい」と思っているわけである。

では、「都心の子」はどうかと言うと、サラリーマンをはじめとする宮仕えというものが、いかに割に合わないものであるかをよく知っている。

しかもこの子らは、自分達の親を見て、それ以外の道があることを知っている。この子らは心の底から、「サラリーマンになんかならない」、「自分は将来、社長かビジネスオーナーになる」と心に決めている。

そして、皆とは違うこと、組織人ができないこと、社長しかできないことを考えながら成長し、大人になっていくのである。

やはり格差社会というのは一向になくならず、格差は広がっていくばかりという気がしてならない。

38
WORK

不動産屋

地方の子

ほとんど縁がない

都市部の子

たまに会う油断のならない人

都心の子

お父さんの友人

「地方の子」の親は、家を買う時にしか不動産屋と会わないため、子どものほうは不動産屋と会うことなどなく、ほとんど縁がない。

これは「都市部の子」も同様であり、「地方の子」と同様に、ほとんど縁がない。

けれども、「都市部の子」の親には、ワンルームマンション投資などの不動産投資話を持ってくる不動産屋がおり、なかには詐欺まがいの者も存在するため、親からは「騙されないようにすること」と語り継がれている。

そのため、「都市部の子」は、**不動産屋のことを「油断のならない人物である」と考えるようになる。**

これに対して、「都心の子」の親は、実際、投資用の不動産を数多く扱っている。当然のことながら、付き合いのある不動産屋も多い。

都心に住んでいる人と付き合いのある不動産屋と、それ以外の不動産屋との大きな違いは、前者は都心の住人を「今後も付き合いを継続する相手」と思っていることである。

普通の不動産屋は、「家を売ったら終わり」といわんばかりに、お客との付き合いを一度きりと思っていることが多い。たとえば、「地方の子」の親や「都市部の子」の親に接する不動産屋は、基本的に彼ら彼女らを「一度きりの付き合い」の相手としか見ていない。

継続的に付き合おうなどと思ってはいないので、どうしても、「お得なものは勧めない」ということになってしまう。お買い得品は、今後も付き合いがある方に回すのである。

こうしたことから、「今後も付き合いを継続する相手」と不動産屋から思われている「都心の子」の親のもとには、お買い得品の物件が集まり、不動産投資は益々好調になる。

「都心の子」から見れば、不動産屋は「お父さんの友人」のように映る。どうやら、都心とそれ以外の格差というのは広がるばかりで、埋まりそうもない。

「都心の子」の親は、不動産屋との付き合いが長い

第4章のまとめ

▼人間は「命に関わるもの（たとえば医療費）」をないがしろにし、「そうでないもの（たとえば高級バッグ」などに貪欲になる。そのルールを知らないとビジネスで失敗する

▼仕事とは趣味と同じで、命をかけるくらいの魅力を秘めている。だがその魅力を突き詰めると、「そもそも仕事をする必要がない」ということに気付く

▼組織は「性弱説」に基づいて構成されている。人間の心はとても欲に弱いので、不正が働かないよう、誰かが見守る社会の仕組みが必要である

第5章

食

39
WORK

外食

地方の子

「一年に一回」行ければいい感じ

都市部の子

たまに、ちょっとしたお祝いとかがあるときに行く

都心の子

毎週土日に行くところ。「一年に一回」の家庭があることが、信じられない

「地方の子」にとって、**外食は、本当に贅沢なことである。**めったに行けないところであるから、「一年に一回」行ければいいといった具合である。

だいたい、記念日やパーティーの時ですら、ちょっと高めの食材（私の実家は、お刺身であった）を買ってきたり、ケーキを買ってきたりして、家庭内でそれらを執り行うのだ。

「都市部の子」にしてみれば、外食とは結婚記念日や誕生日、合格祝いなど家族の特別の日には、必ず出かけるものである。

もちろん、そういったときには、ただの外食というのではなく、普通よりはお高い高級料理のお店で、家族の誰かをお祝いし、歓待するために、ちょっとした高級料理を振る舞うことになる。

それは、父親が仕事上の接待でいくつか使った高級料理店の中で本人も気に入ったものを、家族の特別の日のためにとっておいたものである場合もあるし、お母さんのほうが〝ママ友〟を通じて知った場所であるかもしれない。いずれにしても、それなりのところで外食する。

また、ときには、お母さんが「たまには家事を休みたい」という理由で、軽く外食をする場合がある。そういった場合に行くのは、いわゆるファミレス（注：ファミリーレストランの略らしい）か、それに類似したようなところに行くことになる。

そして、「都心の子」はその頻度が極限にまで高められた結果として、**ほぼ毎週行くようになってしまう。**

すなわち、大層な記念日ではなくとも、ちょっとした記念日、新しい友達ができたとか、足し算ができるようになったとかいう、考えてみれば、そう大したものではないこと、つまり、普通に生活していれば普通に起こることであったり、成長の過程では当たり前にできるようになったりする度に口実を勝手に作っては行くようになり、仕舞いにはほぼ毎週行くようになったという、そんなところである。

行くのは、ホテルのブッフェは定番として、お寿司、焼き肉、ステーキ、しゃぶしゃぶ、鉄板焼き、高級中華料理（次のところで、詳細に述べる）、フレンチレストラン、イタリアンといったところだろう。

これらはすべて、一人当たり3万円はするようなところである。そして、これが「はじめに」のところで述べた「格差社会」の象徴である。

これを読んだ地方の人も、都市部の人も、「まぁ、そういうこともあるかもしれないな」と軽く思ったかもしれない。ただそれは、大きな前提のところで既に間違っている。

そう思った裏には、「ごく、たまに」ということが隠れているはずなのだ。これはつまり「ごくたまに、たまたまそういうことがあるのかもしれないな」と思っているに違いないのだ。けれども、それは間違いだ。もしそう思ってしまったとしたならば、格差社会というもののリアリティが無さ過ぎる。

もう気付かれた方もおられると思うが、**「ある人の一ヵ月分の給与に相当するディナーを食べている」というのは、ほぼ毎週行われていることなのだ。これが「格差社会」の現実である。**

無論、「都心の子」達は、基本的には個室に案内される。そうすることにより、表向きは子どもが歓迎されないか、あるいはそもそも子どもが入れないとされているようなレストランにだって入ることができるのである。

39

「都心の子」の家庭では、「ある人の一ヵ月分の給与に相当するディナーを食べている」ということが、ほぼ毎週行われている

個室に案内されて、大人向きに作られたコースメニューが子どもの口に合わないようなときは、かの有名なフレンチレストランでさえ、フライドポテトはもちろんのこと、頼めば味噌汁まで出してくれたりするのだ。

幸せというのは、お金で買えるのか、それとも買えないものなのか。映画などではよく、都会の子が不幸で、そこで病んでしまった心が、田舎の地で癒されるように描かれているものも多いが、**果たして本当に、地方の子というのは幸せだと言えるのか。**

外食のたびに、ありし日の自分の子ども時代を思い浮かべながら、しみじみと、そう思うのである。

40
WORK

フカヒレ

地方の子

そんなものがこの世に存在することを知らない

都市部の子

存在は知っているが、まず食べたことがない

都心の子

どこのお店のフカヒレが美味しいか知っている

私が最初にフカヒレを食べたのは、確か33才の頃であったように思う。「日頃の仕事の御礼」ということで、お客様にお店へ連れて行っていただき、初めて食べた。というより、「初めて見た」という感覚のほうが正しいのであるが、それは三日月状の形をしていた。色は黄金色で、スジがたくさん入っていた。食べてみると、本当にうまい。人が見ていなければ、皿まで舐めたところだろう。そうして、「今まで食べていた中華料理というのは、一体なんだったのだろう⁉」と、本当にそう思った。

私は理系であったためか、昔から食べることには何の興味も無かった。ただ命をつなぐためだけのものと思っていたし、**食を楽しむなんてことは考えたこともなかった**。つまり、自分にとっての食事というのは、単なる〝燃料〟であり、〝栄養源〟に他ならなかったのである。当然のことながら、「美食にふけって、家の財産を食い潰した」なんてことはまったく信じられず、そんなやつはどんなに大馬鹿者かと、心の底からそう思っていたのである。

ところが、こんな自分が〝味〟に感動した。

このようなフカヒレは、最初にこれをご馳走してくれた紹介者にとってみれば、たまたまご馳走しようとしてくれた上海蟹のついでに頼んだようなものであった。むしろん、上海蟹なんて、それまで名前すら聞いたことがなかったのである。

けれども、こうして私のグルメ人生が始まることとなった。

この話の要点は、この方に紹介されるまで、上海蟹やフカヒレといったようなものは、目にしたことがなかったということである。

ついでながら、北京ダックやツバメの巣も、名前だけは聞いたことがあったが、それが一体どういったものなのかは、想像すらつかなかった。おそらくこれらは、この方に紹介していただかなければ、一生涯、口にすることはなかったのではないかと思われ、**要は「交友関係」がモノを言うと、そういうことである。**

こういう高級料理は、確かに自ら進んで食べることもあるだろう。けれども実際には、自ら開拓して食べるというよりは、誰かに紹介されてその存在と味を知ることのほうが、はるかに多い。

周囲を見ても、自分自身を振り返っても、新規のレストランを積極的に開拓をすることはあっても、新規な食材や料理を進んで試してみるというのは、よほどの食通でもない限り、そう頻繁にしないものである。実際の話、ツバメの巣なんかを食べているると、「こんなもの、よく食べる気になったよねぇ～」と、人類で最初に食べた人への賛辞が出る。

ツバメの巣は、断崖絶壁に存在するものを、命がけで捕るのである。もし、すごく美味しく、命すら賭ける価値があるということがわかっている状態であればともかく、そうでない状態でそれを捕ってきて食べるというのは、並大抵のことではない。

料理として頼む時だって、似たようなものだ。だって、千円や二千円で食べられるものではないのである。一皿で1万円とかするわけである。

一万円でそれなりのコース料理が味わえるというのに、誰が好き好んで、わけもわからない料理など頼むものか。

少なくともこの私は、社会人になり、給与をもらって生活し始めた時もそう思ったし、独立してお客様からお金をもらうようになった時だって、**「そんなものにお金を使うのはもったいない」と、自ら進んでそれらを注文することなど考えられなかった。**

そしてそれは、田舎に住んでいた私の両親も同じである。

高い料理、高級料理を食べることなど、もってのほか。確かに美味しいかもしれないが、**栄養素が同じなら、安いほうが良い**。そういう考え方である。

そしてそういった考え方が、そのまま「地方の子」の考え方として染みつく。私が高級料理を食べなかったのは、理系だったので食に興味が無かったというのではなく、地方で生まれ、地方で育ったがゆえに、「高級料理を食べるなど、もってのほか」「食通は、悪」という考え方を植え付けられてしまったからではないかと、今になってみればそう思う。

「都市部の子」にしてみれば、高級料理を味わう機会がまったくないというわけではない。都心の人間に接することもあるし、誰かを歓待する場合に高級料理を振る舞うことがあるからだ。

そしてまた、当の父親が接待でいくつかの高級料理店を知っている。そして、その中で本人も気に入ったものを、結婚記念日とか誕生日、合格祝いなどの家族の特別の日のためにとっておき、家族に振る舞うのだ。その中にはもちろん、フカヒレやツバメの巣が入っている。

そして、「都心の子」というのは、その頻度が極限にまで高められた結果として、望めばいつでも気軽に行けることになってしまう。

だって、そうだろう。「都市部の子」が、あれが美味しかったからということで父親にせがんだとしても、「あそこはねー、そうそう気軽に頻繁に行くところじゃないんだ。次にまた良いことがあったら、行こうねー」などと言って子どもをなだめる。とは言っても、当の父親だって、自分のお気に入りなのだから、お金さえふんだんにあれば、自分だけでも行きたいと思っているのだ。


しかしながら、**「都心の子」にとって、そんな制限はない。**

その父親にとって、経済的な縛りはほとんどないのであるから、土曜日や日曜日の夕方に、「今日は、何を食べたいの」と聞けば、子どもは「このあいだ行った、あそこのフカヒレが食べたい」と答え、「じゃあ、行こう！」ということになる。


こんな贅沢をして過ごしている子どもは、将来どうなってしまうのか。そんなものが二度と食べられないような生活になり、そうなったところで「昔はよかった」と懐古することになるのだろうか。

私は、そうは思わない。美味しいフカヒレをご馳走して、喜ばない客は、まずいないのだ。それは日本人に限られず、中国人はもちろんのこと、フランス人やドイツ人、アメリカ人だって、たいそう喜ぶのだ。

なので、こうした食通の付き合いを通じて、親以上に広いネットワークを持ちながら生きていくに違いない。やはり、格差というのは、縮まらないと思う。

ところで、エイとサメは、同じ軟骨魚類である。その振る舞いも、何となく似ている。けれども、サメのヒレであるフカヒレが高級食材であるのに対し、エイヒレはどこでも食べられる〝酒のつまみ〟である。そしてその地位や扱いというのは、逆転するどころか、縮まる気配すらない。

このことを考えるたびに、なぜか、逆転しようもない格差社会のことが頭に浮かび、しばらくの間は頭から離れないのである。

高級食材を口にするかどうかは、交友関係が影響するし、交友関係に影響する

41
WORK

果物

地方の子

まず食べない。食べるとしても年に1、2回程度

都市部の子

贅沢な外食のときに出てきたりする。贈答品でもらう時に、家庭内で食べられる。特殊なときにも食べられる

都心の子

食後に必ず出てくるデザート。ほぼ毎日食べるもの。おかわりもできる

「商売の要点」として、消費地との距離とサービスの関係が言われることがあるが、経済学者高橋亀吉氏は、「資源のない国というのは、贅沢品を売るしかない」とまで言い切っている。

その贅沢品の中でも最たるものがフルーツ（果物）であり、それがどのように食卓に出てくるかで、その家庭の懐具合が分かる。

実際に私の場合は、まだ3歳くらいであった娘が、「メロン、おかわり！」と言ったときに、自分の家の豊かさを実感した。

しかし、このようなフルーツ（果物）というものは、「地方の子」にとっては、あまり縁がないもので、まず食べないものである。

食べるとしても年に1、2回程度であろう。

『ドラえもん』の中で、スネ夫が皆にマスクメロンがおやつに出ることを自慢している場面があったが、おやつがマスクメロンであることは、十分な自慢のタネになるのである。実際、「地方の子」の中には、メロンと言えばプリンスメロンやハネージュメロンといったもので、マスクメロンを食べたことがない子どももいるはずである。

ああ格差社会
［果物］

41

「都市部の子」にとっては果物、特にマスクメロンというのは、贅沢な外食のときに出てくるものである。贈答品でもらう時があって、そういった時には家庭内が歓喜に溢れる。メロンが熟して食べごろになるのを皆で待つのである。

ところが、「都心の子」にとってみれば、マスクメロンをはじめとする高価なフルーツ（果物）というのは、食後に必ず出てくるデザートであり、ほぼ毎日食べるものである。そこいらにある菓子パンと、あまり変わらない。もちろん、家の中に買い置きもしてあるので、基本的には自由におかわりができる。

「都心の子」の家庭では、毎週末に高価なフルーツ（果物）の買い溜めをする。それはほぼ習慣化されていて、家族そろってフルーツ専門店に行ったりするのである。

「都市部の子」にとって、果物は贅沢品であり、友人との会話で自慢のタネになる。だが、「都心の子」にとって、高級フルーツとは日常的に食べる当たり前のものである

42
WORK

お肉

地方の子

肉屋で買ってきて家で料理するもの

都市部の子

レストランで食べるステーキ

都心の子

ステーキか、鉄板焼きか、高級焼き肉店

「肉」と言えば、それは贅沢品。

「地方の子」にとっては絶対的なものである。「都市部の子」にとっては、絶対的とまでは言えないが、やはり真理の一つだ。

いずれにしても、肉が贅沢品だというのは、程度の差こそあれ、「地方の子」と「都市部の子」に共通している。しかしながら、「都心の子」にしてみれば、肉というのは、**別に贅沢品でもなんでもない、普通の食事である。**

「地方の子」にしてみれば、肉というのは高価であり、贅沢品なので、基本的にはお祝いのときなどに振る舞われるものである。

また、外食では本当に高くなるので、大抵は、肉屋で買ってきて家で料理する。焼き肉などは、買ってきた肉をホットプレートで焼いて食べるのである。

「都市部の子」にとって「お肉」と言えば、レストランで食べるステーキを想像する。日常的に家で食べる肉は、ステーキではない。したがって、ステーキも何やらお祝いごとのような特別な日に食べるものである。

42

食事の席でステーキを残す子がいたら、間違いなく「都心の子」である

このように、「地方の子」にとっても、「都市部の子」にとっても、「お肉」というと何やら特別なもののように思えるが、「都心の子」にしてみれば、それは「食べたい時には必ず食べられる日常的な食事の一つ」である。

お祝いごとなどの特別な日に出てくるものではない。

そうした特別な日にも出てくるただの食事である。実際、そうしたところで出てくるステーキが、日常的に食べているステーキよりもまずいことすらある。

この点、「地方の子」や「都市部の子」は、お祝いごとのときに出てくるステーキを残すことなどまず考えられないことであり、美味しいとか不味いとか言っていられる次元ではない。もし、そうしたときに平気でステーキを残す子どもがいたとしたら、それはほぼ間違いなく、「都心の子」である。

43
WORK

ブッフェ

地方の子

すごいご褒美。夢のような場所

都市部の子

好きなものが自由に食べられるので、嬉しい

都心の子

しょっちゅう行く楽しいところ。どこのブッフェが美味しいとか、自分の好みだとかをよく知っている

「地方の子」にとって、ブッフェというのは、すごいご褒美で、好きなものが好きなだけ食べられる夢のような場所である。

そしてこれは、「都市部の子」にとっても同様であり、好きなものが自由に食べられるので、嬉しい場所である。

なので、ブッフェに行くとなると、「地方の子」も「都市部の子」も大喜びする。ブッフェというのは、地方にはほとんど存在せず、都市部であってもあまり見られないからである。実際、ブッフェ形式というのは、都心でしか成り立たないモデルなのである。

ブッフェがあるのは、大抵は有名ホテルである。

都市部の有名ホテルでも行われるが、日常的というわけではない。けれども、都心の有名ホテルでは、大抵はブッフェが日常的に開催されている。

したがって、「都心の子」にしてみれば、そこかしこにブッフェが見られるので、「あそこはローストビーフが美味しい」とか「あそこは、フルーツの種類が多い」とか、「あそこはデザートが充実している」といったように、それぞれのブッフェの特徴までよく知っている。

しかも、財政的にそこに行くことを躊躇する状態にはないので、望めば必ず行けるのである。

こうしたことから、「都心の子」にとってブッフェというのは、しょっちゅう行く楽しいところであり、「都心の子」というのは、どこのブッフェが美味しいとか、どこが自分の好みだとかを本当によく知っている。


「地方の子」にとっても「都市部の子」にとっても、ブッフェはどこでも楽しいところ。

だが、「都心の子」は、高級ホテルのブッフェのなかでも優劣があることまで知っている

44
WORK

スタバのコーヒー

地方の子

ほとんど目にしたことがない

都市部の子

たまに目にする。ときどき両親が飲んでいる

都心の子

両親が毎日飲むコーヒー

44

スターバックスのコーヒーは、一般のコーヒーよりも高い。なので、「地方の子」にしてみれば、それは「ほとんど目にしたことがない」というものである。実際、ついこの間までは、鳥取県にはスタバは一軒も存在しなかった「都市部の子」にしてみれば、たまに目にするし、両親が飲んでいる。その両親にしてみれば、ちょっとハイソな気分を味わいたいときに飲むのだろう。けれども、「都心の子」の両親は、それが好物であり、ほぼ毎日飲んでいる。

実は、これはスターバックスの経営戦略でもある。**都心の、一定以上の所得層が集まる場所に集中的に出店する。**たとえば東京駅だけ考えても、駅構内とその周辺だけでもスターバックスは無数にある。なので、東京駅で「スタバで待ち合わせ」と言っても、どこのスタバなのかを指定しないと、落ち合うことができない。基本的には都心型の商売なのである。

「都市部の子」にとってスタバが日常的なのは、実はスタバの戦略である

45
WORK

ファミレス

地方の子

たまに行く美味しいレストラン

都市部の子

気軽に行ける庶民的なレストラン

都心の子

たまに行く、何か楽しい外食屋

「都心の子」にとってのファミレスはエンターテインメントに近い

ファミレスというのは、「地方の子」にとってみれば、「たまに行く美味しいレストラン」である。

「都市部の子」にとっても、ファミレスというのは、やはり一種のレストランであることに変わりはない。通常、レストランには高級レストランとそうでないところがあるが、「都市部の子」にとってファミレスとは、高級ではない気軽に行けるレストランという位置付けなのである。

一方、「都心の子」にとっては、ファミレスというのは、もはやレストランではない。レストランというのは、ウエイターがタキシードを着て接客する場所である。

彼ら彼女らにとっては、ファミレスというのは、「たまに行く、何か楽しい外食屋」という感じである。でも、それでも、彼ら彼女らがファミレスに行く回数は、「地方の子」がファミレスに行く回数よりも多いと思われる。

46
WORK

カップラーメン

地方の子

ちょっとしたときに食べる美味しい食べ物

都市部の子

非常食

都心の子

試験勉強の際に出てくるご褒美

カップラーメンというのは、「地方の子」の家には、日常食として常備されている。子ども達は、お腹が減るとそこから適当に取り出しては、お湯を注いで食べる。おやつのときなどにもよく食べる。

そしてまた、カップラーメンは結構美味しいので、子ども達は大好きである。親としても、値段も手頃で、しかも食事を作る手間がない。誠に便利な食べ物である。なので、子どもが手軽に口にできるように用意している。「地方の子」にとってカップラーメンというのは、「ちょっとしたときに食べる美味しい食べ物」ということになる。

しかしながら、「都市部の子」となると、親のほうとしては「カップラーメンは健康に悪い」と思っているので、**子ども達が好んで食べるのを、よく思ってはいない**。なので、親としては手頃であるが、だからと言って子ども達に自由に食べさせることはしない。

したがって、非常食として常備はしておくが、常食はしないというスタンスが採られている。

これに対して、「都心の子」にしてみれば、カップラーメンというのはご褒美の一種である。**「都心の子」の親も、「都市部の子」の親と同様、「カップラーメンは健康に悪い」と思っているので、子ども達が好んで食べるのを苦々しく思っている。**けれども、子ども達はカップラーメンが大好きである。

そこで、都心の親達は、中学や高校の定期試験といったときに、試験勉強をする子ども達へご褒美として出すようにしている。

特に都心では中高一貫の6年制の中学校・高校に通わせることが多く、どうしても中弛みになりやすいため、学校の定期試験のタイミングでしっかりと勉強させる必要がある。その際に「目の前にぶら下げるニンジン」として、カップラーメンが使用されているのである。

「都心の子」にとってのカップラーメンは、ときどき親から与えらえるご褒美である

第5章のまとめ

▼格差社会の定義は、「その家族のディナーの一食分が、ある人の一ヵ月分の給与と同額。つまり、ある富裕層がいて、その家族が夜に外食したときに支払う金額が、別の人の給与の一ヵ月分に相当するということが起こり得る社会」である。実際こうしたことが、都心部では毎週のように起こっている

▼食事の内容は、交友関係によって大きく左右される。特にそれは、「高級食材を口にする機会があるかどうか」において、顕著に表れる

▼ファミレスやカップラーメンは、決して「貧乏な人の食べ物」ではない。都心の子にとってはたまのお楽しみであり、ご褒美である

あとがき

ここまで読んでいただき、どうもありがとうございました。いかがでしたでしょうか。「同じ空気を吸っているのに…」と、心の底から「現に存在する格差」のことを実感された方もおられることでしょう。

そう、逆説的ではありますが、子どもの脳というのは「何も書かれていない真っ新なハードディスク」とまったく同じであり、何を記憶させるかで、**その後の振る舞い（アウトプット）がまったく違ったものになってしまうのです。**

また、これも逆説的ではありますが、ある意味ではＡＩと同じで、何を教え込むかで、結果が違うものになってしまいます。

もし私が地方（地方都市ないしは田舎）の在住で、そこのことしか知らない環境下で娘達を育てたのであれば、彼女らは「地方の子」が話すような言葉をしゃべっていたのだと思います。

もし私達が都市部の在住のままでこの子らを育てたのであれば、きっと、「都市部の子」のような話しぶりをするはずなのです。

そして、もし私が地方（地方都市ないしは田舎）、あるいは都市部の在住で、そこでのことしか知らなかったのであれば、「都心の子」の発言に対して、むしろ嫌悪感を覚えたかもしれません。そしてもしこの子らが自分の子どもではなかったとしたならば、本当に可愛がることなどできなかったのかもしれません。

ところがその一方で、「これは、けしからん」「この子の将来が心配だよな」とか思っていたもの、つまり「異常なもの」として映っていた「都心の子」の考え方や振る舞いが、いつのまにか、「違っているのは、もしかしたら自分のほうかも……」と思い始めておられる方々もいらっしゃると思います。

特に地方に住んでいる成績優秀な中高生で、ある意味、「井の中の蛙」の状態にされてしまっている方達は、何かこう、目が開かれたような感じがするのではないでしょうか。

そう、実は本書の「都会の子」の他愛のない、そして面白くて変な発言の中には、**〝真の贅沢〟という「夢」が詰まっています。**

おそらく、この本を少しでも読んだ地方在住の、成績優秀な中高生の中には、「いずれは都心に住みたい」と、そう思った方がおられるのではないかと思います。そう思った方は、是非とも都心に住むべく、一生懸命に必要な努力をしていただければと思います。

都心というのは、それだけの努力をする価値のある場所なのです。

無論、やはり「いや、こちらのほうが良い」「田舎のほうが人間的で良い」という考えのままの方もいらっしゃるでしょう。こうした方は、本書を読んで「田舎の良さ」というものを再認識されたわけなのですから、それはそれで良いと思います。

また、もしかしたら何人かは、「こうした状況は変えたほうが良い」「こうした状況は変えられるべきだ」と政治家を目指された方もおられるかもしれません。

でも、格差社会を何とかしようというそれらの努力は、無駄に終わるかもしれません。なぜなら、**欧米というのは、もっと強力に〝格差社会〟が進んでいるからです。**

たとえば、この本には「飛行機のビジネスクラスにしか乗ったことがない子ども達」が登場しますが、欧米には現に、ビジネスクラスはおろか、ファーストクラスにしか乗ったことがない子ども達までいるのです。そうして、**グローバル化が急速に進んでいる以上、こうした海外の格差社会に近づいていくことは避けられないのです。**

欧米というのは、そもそも格差社会です。チップをあげる際に、たとえばそれが100円であるなら、日本人であれば「こんな少額で……」と、多少、何か悪いように気持ちになるものです。けれども欧米は違います。たとえ1ドル（ほぼ100円）でも、「くれてやる」という顔を平気でします。

また、そもそも「チップは手渡してはいけない」という風習があるところもあり、そういったところでは、チップを床に投げて渡すのです。

お賽銭ではあるまいし、日本人が、1円や5円玉を床に投げて相手に渡すことなど、誰が想像できるのでしょうか。たとえお賽銭だって、もう少しましな扱いをすることでしょう。

けれども、これがグローバル化の下で、我々日本人が付き合っていかねばならない人々の本質なのです。であれば、同じく「格差社会」という言葉を使っていたとしても、その中身の違いをきちんと把握しておかねば、とんでもない目に遭ってしまいます。

それともう一つ。大事なことは、**高齢化社会というものは実は、格差社会だということです。**

大学や高校を出たての頃の同窓会というのは、本当に盛り上がるものです。それは、まだ社会に出て間もないので、そう格差がないからです。格差がないので格差を気にする必要もなく、気軽に物事が聞けますし、しゃべることができます。

代表例を言えば、給与でしょう。「お前、いくらもらってる？」と聞くことができ、そして何も気にせずに本当のことを言えるのは、この時期だけです。

けれども、50歳を超えたあたりの同窓会では、給与の話はまず出ません。若い頃に生じてしまった格差がそのまま拡大し、この年の頃になると、その差というのは、もう比べられないくらいに大きくなっているのです。

同じ大学を卒業しているのだから、大学入学時の学力には、そう変わりはないはずです。それがどうしてここまで違うものになってしまったのか。

それを考えると聞く気にもなれないし、また聞いたところでその格差というのは埋めようがないのです。

今の日本は、高齢化社会などではなく、超高齢化社会ですから、いずれは超格差社会になるのだということになります。

格差社会となってしまえば、その上層と下層の間の中間層というものが消失してしまい、いわゆる「平民」がいないことになりますので、そもそも話し合いが成立しなくなってきていることになります。

これは即ち、「民主主義の危機」です。

本書をもう一度ひっくり返してみて、「地方の子」と「都心の子」との間で果たしてまともな話し合いが成立するのかを考えてみれば、わかると思います。同じ日本語を使っているにもかかわらず、まともな会話すら成立しないでしょう。「もう小学生のレベルで、話すベースが違うのであるから、話し合いなどは成立しない」ということからも、民主主義の危機が伺えます。

格差を作ったのは、言うまでもなく「民主主義」です。

何という皮肉でしょう。民主主義が格差を作り、作られた格差が民主主義を壊すことになるわけなのです。

もちろん、政治的な議論や政策的な話をここで言うつもりはありませんが、その綻びは現に、各所で既に現れてきてしまっていると思います。

そしてまた、それが良いとか悪いとか言うつもりもまったくありません。けれども、このような「民主主義が壊れかかっている現状」において、果たして自分達はどう生きるべきなのか。

そのことについて深く考える契機にでもなるのであれば、それ以上のものはないと思っています。

2020年6月

佐藤 秀

出版記念・購入者キャンペーンと称しまして、
「ああ格差社会」に掲載しきれなかった、
未公開原稿を特別に無料で差し上げます。

未公開原稿をプレゼント！

応募者の方、全員に
特典をプレゼント致します。

QRコード

キャンペーン期間

2020年7月22日（水）
〜2020年8月31日（月）

佐藤　秀（さとう　すぐる）

千葉県の農村部出身。現在、東京都千代田区永田町周辺に在住。

某士業に就き、実績は国内外1000件以上。

東京の一等地にオフィスを構え、業界屈指の雄としても知られている。

家族は妻、長女、長男、ふたりの子どもは都心の某有名中学校、小学校に通学していた。

プロデュース　水野俊哉
編 集 協 力　鈴木博子・菊地一浩
デ ザ イ ン　鈴木大輔・江﨑輝海（ソウルデザイン）
D　T　P　山部玲美
イ ラ ス ト　©vision track /amanaimages（カバー・表紙）

格差は子ども社会において現れる！
ああ格差社会

2020年8月23日　初版第1刷発行

著　者／**佐藤 秀**
発行者／**赤井 仁**
発行所／**ゴマブックス株式会社**
〒106-0032
東京都港区六本木3-16-26
ハリファクスビル8階

印刷・製本／**中央精版印刷株式会社**

ISBN978-4-8149-2221-5